최고의 적중률로 합격을 보장하는 **최적합**

AUTODESK®
Certified User

Autodesk 공인 국제 인증 자격시험

ACU
AutoCAD

| 황두환 지음 |

BM 성안당
www.cyber.co.kr

■ 도서 A/S 안내

성안당에서 발행하는 모든 도서는 저자와 출판사, 그리고 독자가 함께 만들어 나갑니다.

좋은 책을 펴내기 위해 많은 노력을 기울이고 있습니다. 혹시라도 내용상의 오류나 오탈자 등이 발견되면 "좋은 책은 나라의 보배"로서 우리 모두가 함께 만들어 간다는 마음으로 연락주시기 바랍니다. 수정 보완하여 더 나은 책이 되도록 최선을 다하겠습니다.

성안당은 늘 독자 여러분들의 소중한 의견을 기다리고 있습니다. 좋은 의견을 보내주시는 분께는 성안당 쇼핑몰의 포인트(3,000포인트)를 적립해 드립니다.

잘못 만들어진 책이나 부록 등이 파손된 경우에는 교환해 드립니다.

저자 문의 e-mail : hdh1470@naver.com(황두환)

본서 기획자 e-mail : coh@cyber.co.kr(최옥현)

홈페이지 : http://www.cyber.co.kr   전화 : 031) 950-6300

머/리/말

ACU(Autodesk Certified User)는 Autodesk사가 인증하는 2D/3D 설계 및 디자인 툴 전문가 인증시험이며, 전 산업에 걸친 관련 설계 및 디자인 분야에서 수천 전문가의 추천서와 동등한 가치가 있는 국제 인증 자격시험입니다.

Autodesk Certified User의 평가항목에는 오늘날 설계, 시각화, 시뮬레이션 시장에서 성공하기 위해 필요한 기본 기술이 적용되기 때문에 직장에서 평가될 지식과 기술을 확실하게 인정받을 수 있습니다. 또한 Autodesk Certified User 자격증 취득자는 자신이 가지고 있는 설계 기술에 대한 기술적인 능력과 실력을 증명할 수 있습니다.

ACU 자격시험을 준비하는 응시자에게 있어 프로그램의 학습시간을 줄이고 효율적으로 배워 취업 및 업무에 보탬이 될 수 있는 교재가 필요하였기에, 필자는 오랜 강의와 실무경험을 바탕으로 도면을 작성하면서 내용을 이해하고 AutoCAD의 운영시스템과 도면을 작성하는 과정을 정확히 파악할 수 있는 교재를 집필하게 되었습니다.

프로그램의 기능을 익히는 것이 위주가 아닌 기능을 응용하여 도면작성은 물론 ACU자격시험의 응용문제를 스스로 파악하고 해결할 수 있도록 구성하였습니다. 많은 AutoCAD입문자에게 있어 학습시간 및 시험 준비시간을 단축시켜줄 수 있는 교재가 되길 바랍니다.

필자의 의견을 적극 검토해주시고 출판을 이끌어주신 성안당 출판사 임직원과 기술교육에 많은 가르침을 주신 고인룡 교수님, 부족한 필자를 늘 곁에서 응원하고 힘이 되어준 영이, 재인, 지현에게 감사의 말을 전합니다.

저자 황두환

시/험/안/내

① 자격증 개요

Autodesk Certified User의 평가항목에는 오늘날 설계, 시각화, 시뮬레이션 시장에서 성공하기 위해 필요한 기본 기술이 적용되기 때문에 직장에서 평가될 지식과 기술을 확실하게 인정받을 수 있습니다. 또한 Autodesk Certified User 자격증 취득자는 자신이 가지고 있는 설계 기술에 대한 기술적인 능력과 실력을 증명할 수 있습니다.

② 시험 방법

① Consol8과 실제 제품(S/W)을 사용한 100% 실기형 시뮬레이션 시험 방식입니다.

② 제공된 실습 도면을 활용하여 답에 도달하는 방식으로, 답을 얻기 위한 과정 및 방법은 응시자의 제품 활용 능력에 따라 달라질 수 있습니다.

④ 제품의 기본 사용 능력 및 각 기능의 응용, 활용도 평가 등 세가지 이상의 기능을 복합적으로 사용할 수 있습니다.

※ ACU 시험은 Consol8과 실제 제품(S/W)을 사용한 100% 실기형 시뮬레이션 시험 방식입니다.

③ 시험 개요

시험과목	출제형식	시간	수험료	문항 수/만점
AutoCAD Certified User	컴퓨터를 이용한 시뮬레이션 작업 형식	75분	90,000원	30문항/1,000점

④ 평가 항목

측정 분야	상세설명
인터페이스 기본 설정	– AutoCAD 설치 방법 안내 – AutoCAD Interface의 기능 설명 – 작업 전 기본적인 AutoCAD 셋팅
기초 Draw 명령	– 기초 Draw 명령 설명 – 간단한 도형 예제를 통한 습득 – Line, Arc, Circle, Recrangle
기초 Modify 명령	– 기본 Modify 명령 설명 – 예제를 통한 간단한 편집 명령어 숙지(Erase, Offset, Trim, Copy, Move, Mirror)
기초 2 Draw 명령	– 도면에서 이용되는 중급 명령 설명 – 예제 도면을 이용 명령어의 적용(Polygon, Ellipse, Pline)
기초 2 Modify 명령	– Layer의 이해 – 원룸 평면도를 이용한 도면 작도 요령 습득 　(Layer, Explode, Strech, Linetype, Linetypescale)
치수 기입	– 기본 치수 기입　　　　　　　– 원룸 치수 기입
Plot	– 원룸 도면 출력하기

목/차

PART 03 응용 명령 사용하기

PART 04 도면층과 주석 활용하기

ACU-AutoCAD
취득을 위한 준비

학습자료 및 응시료 할인 쿠폰 활용 방법은 www.cyber.co.kr
사이트의 [자료실]-[ACU 학습자료]에서 다운로드 받으세요.

1 AutoCAD와 ACU 국제자격

AutoCAD는 미국의 다국적기업인 Autodesk(社)의 대표적인 설계 소프트웨어로 여러 분야에서
다양한 목적으로 사용되고 있습니다. ACU는 Autodesk(社)가 공인해 신뢰도가 높은 국제인증
자격시험입니다.

STEP 1 · AutoCAD의 개요 및 활용 분야

01 | AutoCAD의 개요

AutoCAD의 CAD란 'Computer Aided Design'의 약자로 컴퓨터를 이용한 설계를 뜻합니다. 설계업무를
보다 정확하고 신속하게 처리하여 생산성을 극대화 시킬 수 있는 설계 프로그램입니다.

02 | AutoCAD의 활용 분야

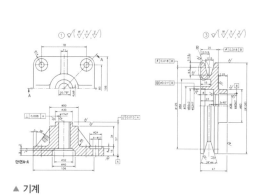

▲ 기계

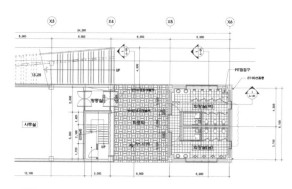

▲ 건축

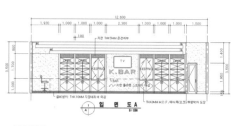

▲ 인테리어

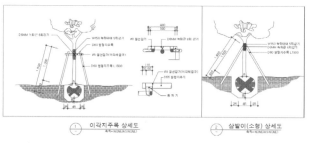

▲ 조경

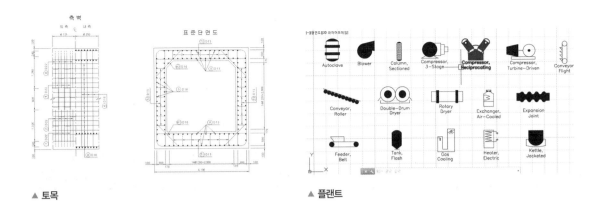

▲ 토목   ▲ 플랜트

01 | 오토데스크社의 국제 인증자격증 ACU란?

ACU는 Autodesk Certified User의 약자로 오토데스크의 디자인 툴을 공식적으로 인증하는 시험입니다. 오토데스크의 소프트웨어는 세계적으로 사용되고 있어 여러 국가에서 소프트웨어의 운영능력을 증명할 수 있습니다.

02 | AUC 인증자격 종목

ACU의 인증자격은 AutoCAD 이외에도 Inventor, Revit, Maya, 3DS MAX, Fusion360의 6종목을 시행하고 있습니다.

A AUTOCAD

▲ 2D 및 3D CAD를 위한 범용 소프트웨어

I INVENTOR

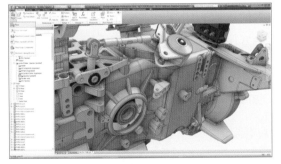

▲ 기계 설계 및 3D CAD 소프트웨어

R REVIT

▲ 빌딩정보모델링(BIM) 소프트웨어

M MAYA

▲ 영화, 게임 등을 위한 3D 소프트웨어

3 3DS MAX

▲ 설계 시각화를 위한 범용 소프트웨어

F FUSION 360

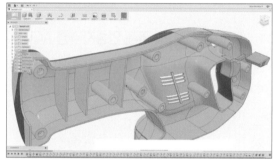

▲ 제품 설계를 위한 클라우드 기반 3D 소프트웨어

03 | AutoCAD-ACU 자격시험의 특징

- 디자인 전문가의 추천서와 동등한 가치를 갖는 인증서를 발급한다.

- Autodesk(社)가 공인하는 국제인증 자격시험으로 정확하고 신뢰도가 높다.

- 수시시험으로 진행되어 시험일자와 장소 선택이 원만하다.

- CBT(Computer Based Test)방식으로 평가방식이 정확하고 시험이 끝나는 동시에 합격유무를 확인할 수 있다.

▲ 취득 시 발급되는 ACU 국제인증서

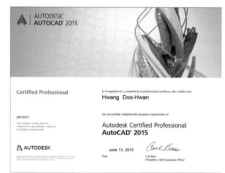

▲ ACU의 상위자격 ACP(Autodesk Certified Professional)

04 │ 시험 구성과 출제유형

① 시험 구성

자격명(등급)	출제형식(실기)	시험 시간	응시료	문항/만점
AutoCAD Certified User	각 기능의 응용, 활용도 평가 등 세 가지 이상의 기능을 복합적으로 이용한 시뮬레이션 작업 형식 ※언어는 한글과 영어를 선택	75분	9만원	30문항/1,000점 ※700점 이상 합격
AutoCAD Certified Professional	고급 수준의 AutoCAD 스킬을 보유하고 복잡한 작업 및 디자인 과제를 해결하는 형식 ※모든 문제는 영문으로 출제	120분	10만원	35문항/100점 ※80점 이상 합격

② AutoCAD ACU 출제유형

실제 AutoCAD를 사용한 100% 실기형 시뮬레이션 시험 방식으로 제시된 실습 도면을 활용하여 요구하는 결과 값을 도출해야 합니다.

출제 문제의 예시

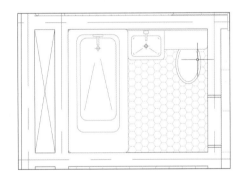

A. 다음과 같은 bathroom floorplan.dwg 도면 파일을 open합니다.
B. 욕실에 필요한 바닥재의 양을 측정하기 위해 축척이 20인 HONEY 패턴을 사용하여 해치를 작성합니다.
C. 작성한 HONEY 패턴의 면적은 얼마인지 구하시오.

풀이과정의 예시

Hatch명령을 사용해 제시된 HONEY 패턴을 넣고 List명령을 사용해 HONEY 패턴의 면적을 조회하여 답을 도출합니다.

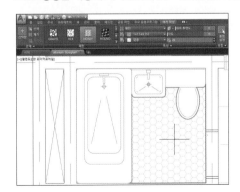

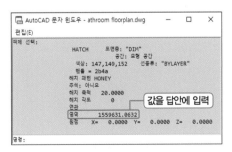

05 | 시험 접수

모든 ACU, ACP자격시험은 시험운영 기관인 SCK Education 홈페이지에서 접수할 수 있습니다. (홈페이지 http://www.sbeducation.co.kr)

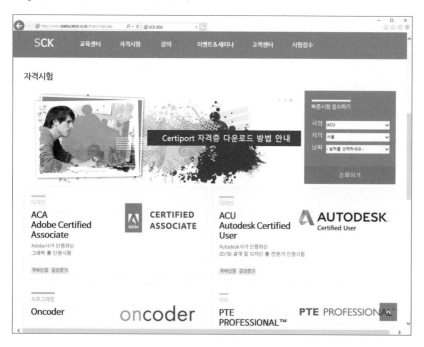

도면 작성에 필요한 기초 지식

AutoCAD는 디자인을 표현하는 설계도구로 이를 잘 사용하기 위해서는 해당 직종의 기본적인 설계지식과 제도(draw)에 대한 학습이 선행되어야 합니다. ACU시험과 기초제도에 대한 지식을 알아보겠습니다.

STEP 1 · 기초제도

01 | 도면의 크기와 A열 사이즈 용지 규격

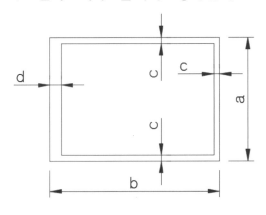

제도용지의 치수		A0	A1	A2	A3	A4	A5	A6
a×b		841×1189	594×841	420×594	297×420	210×297	148×210	105×148
c(최소)		10	10	10	5	5	5	5
d(최소)	묶지 않음	10	10	10	5	5	5	5
	묶음	25	25	25	25	25	25	25

02 | 도면의 척도

실제 크기에 대한 도면의 비율로서 실척(현척), 축척, 배척으로 나누게 됩니다.

① 실척(현척) : 실물과 같은 크기로 도면을 작성(예 SCALE: 1/1)

② 축척 : 실물을 일정한 비율로 작게 하여 도면을 작성(예 SCALE: 1/10)

③ 배척 : 실물을 일정한 비율로 크게 하여 도면을 작성(예 SCALE: 10/1)

④ 축척을 적용하지 않은 경우 : 도면의 형태가 치수에 비례하지 않는 도면은 N.S(Non-Scale)로 표기

03 | 선의 유형의 따른 용도

① 굵은 실선(━━━━━━━━━━━━━)

　외형, 형태의 보이는 부분을 표시한다.

② 가는 실선(─────────────)

　기술, 기호, 치수 등을 표시한다.

③ 파선(─ ─ ─ ─ ─ ─ ─ ─ ─ ─)

　보이지 않는 가려진 부분을 표시한다.

④ 1점 쇄선(─── ─ ─── ─ ─── ─ ───)

　중심이나 기준, 경계 등을 표시한다.

⑤ 2점 쇄선(─── ─ ─ ─── ─ ─ ───)

　1점 쇄선과 구분할 때 표시한다.

⑥ 파단선(─────╱╲────────)

　표시선 이후 부분을 생략한다.

04 | 투상법

'제3각법'으로 작도하는 것을 원칙으로 합니다. 하지만 직종에 따라 투상면에 대한 도면의 명칭을 달리 사용하는 경우도 있으며, 투상면의 명칭은 다음과 같습니다(건축의 경우 방위를 기준으로 동측입면, 남측입면 등으로 표기됩니다).

Tip

A방향이 정면인 경우

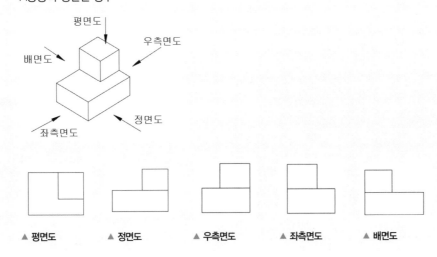

▲ 평면도　　▲ 정면도　　▲ 우측면도　　▲ 좌측면도　　▲ 배면도

05 | 일반적인 표시 기호

① 길이 : L(length)

② 높이 : H(height)

③ 너비 : W(width)

④ 무게 : Wt(weight)

⑤ 면적 : A(area)

⑥ 용적 : V(volume)

⑦ 지름 : D(diameter), Ø

⑧ 반지름 : R(radius)

06 | 치수의 표기

① 치수는 표기 방법이 명시되지 않는 한 항상 마무리 치수로 표시한다.

② 치수 기입 시 값을 표시하는 문자의 위치는 치수선 위로 가운데 기입하는 것을 원칙으로 한다.

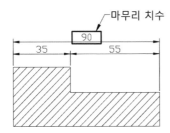

③ 치수는 치수선에 평행하도록 왼쪽에서 오른쪽으로, 아래에서 위로 읽을 수 있게 기입하고 화살표의 모양은 통일해서 사용한다.

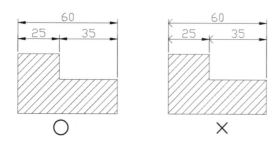

④ 치수 기입 단위는 mm 사용을 원칙으로 하며 단위는 표기하지 않는다. 단 치수의 단위가 mm가 아닌 경우는 단위를 표기하거나 다른 방법으로 단위를 명시해야 한다.

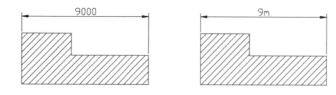

CHAPTER

3 AutoCAD 설치

무료 버전은 30일 평가판과 학생용 버전이 있으며, 학생의 경우 관련 정보가 확인되면 3년 동안
무료로 소프트웨어를 이용할 수 있습니다.

STEP 1 · AutoCAD 학생용 버전 설치

01_ 학생용 무료 버전을 설치하기 위해 인터넷 포털 사이트에서 '오토데스크'를 검색한 후 상단의 오토데스
크코리아 홈페이지 주소를 클릭합니다.

02_ 오토데스크 홈페이지에서 화면을 아래로 스크롤하면 다음과 같은 안내문이 나타납니다. 우측 참고 자
료에서 [학생용 무료 소프트웨어]를 클릭합니다.

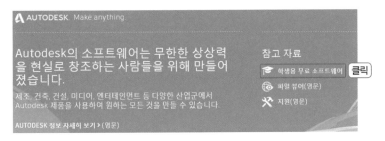

03_ 하단의 메뉴에서 **A** AUTOCAD를 클릭합니다. (홈페이지의 디자인은 수시로 변경될 수 있으며 "https://www.autodesk.com/education/free-software/autocad" 주소를 입력해서도 다운로드할 수 있습니다. 크롬을 사용하면 한글 번역이 가능합니다.)

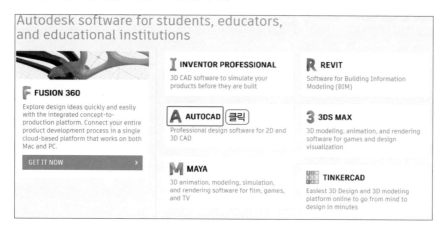

04_ 오토데스크 계정이 있으면 좌측 SIGN IN ❶을 클릭하고, 없으면 우측의 CREATE ACCOUNT ❷를 클릭해 계정을 생성합니다. (계정 생성 및 프로그램 다운로드는 무료입니다.)

05_ 계정 생성 시 다음과 1단계 내용을 입력하고 [NEXT]를 클릭한 후 2단계 내용을 입력하고 [CREATE ACCOUNT]를 클릭합니다. (이메일은 현재 사용 중인 확인 가능한 주소로 입력합니다.)

06_ 계정 생성에 사용한 이메일을 확인해 Autodesk에서 발송한 메일 내용의 [VERIFY EMAIL]을 클릭합니다.

07_ 학교 및 교육기관의 관련 정보를 입력합니다(첫 번째 항목인 교육기관이 입력되지 않는 경우 아무 내용이나 쓰고 하단에 나타나는 [Can't find your school]을 클릭합니다).

새로운 교육기관의 정보를 입력하고 [ADD]를 클릭합니다. 교육기관이 등록되면 관심 영역과 입학 및 졸업년도를 확인하고 [NEXT]를 클릭합니다.

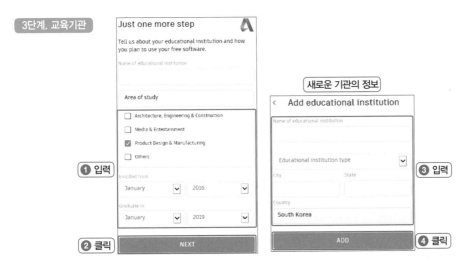

08_ 계정을 생성한 후 DOWNLOAD NOW 를 클릭합니다. 버전, 운영체제 및 언어를 그림과 같이 확인하고 INSTALL NOW 를 클릭합니다. (프로그램 버전은 2019 이상 버전을 다운로드 합니다.)

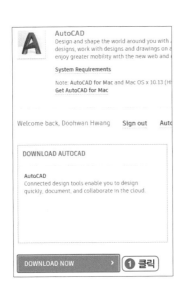
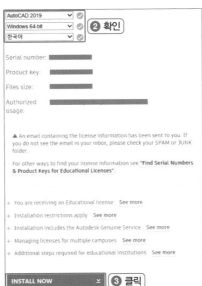

09_ 라이센스 및 서비스 계약에 동의하고 [설치] 버튼을 클릭해 AutoCAD 설치를 진행합니다.

STEP 2 · 언어 팩 추가하기

Step 1에서 설치한 AutoCAD는 한글 버전입니다. 한글 버전이 익숙하지 않은 사용자는 영문 버전을 추가해 사용할 수 있습니다.

> **Tip**
> AutoCAD 2019 영문 버전을 새로 설치하는 것이 아닌 언어 팩만 추가로 설치하면 되므로 하드디스크 용량에 부담이 없고 설치 시간 또한 빠르게 진행됩니다.

01_ [Autodesk.co.kr] 입력 〉 [메뉴] 클릭 〉 [다운로드] 클릭 〉 [업데이트 및 서비스 팩] 〉 [한국어 사이트] 를 클릭합니다. 다시 [서비스 팩 및 픽스]를 클릭하고 '제품 선택'에서 [AutoCAD], '버전 선택'은 설치한 버전 에 맞는 것을 선택한 후 [다운로드 표시] 클릭 〉 기타의 [자세히 보기] 클릭 〉 [AutoCAD 2019 언어 팩] 클릭 〉 '영어'에서 버전에 맞는 것을 클릭합니다.

> **Tip**
> 아래 언어 팩 주소를 인터넷 주소 줄에 입력하면 다운로드 페이지로 이동됩니다.
> https://knowledge.autodesk.com/support/autocad/downloads/caas/downloads/content/autocad-2019-language-packs.html

언어팩은 설치한 버전과 동일한 것을 선택해야 합니다.

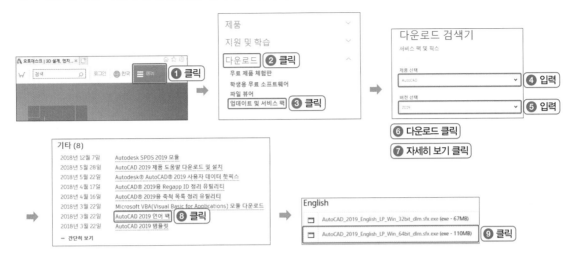

02_ 화면 하단에 나타나는 [실행] 버튼을 클릭한 후, 다시 [실행] 버튼을 클릭해 다운로드합니다. '대상 폴더 선택'에서 [확인] 버튼을 클릭하면 설치 준비가 진행됩니다. (웹 브라우저에 따라 표시 형태가 다를 수 있습니다.)

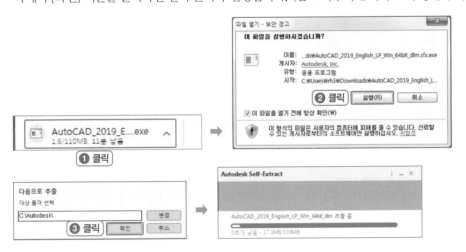

03_ 설치 준비가 끝나면 우측 하단에 [Install] 버튼을 클릭하고 다음 창에서도 [Install]을 버튼을 클릭하면 영문 언어 팩이 설치됩니다. 설치가 완료되면 [Finish] 버튼을 클릭하고 바탕 화면에서 [AutoCAD 2019-English] 아이콘을 더블 클릭해 프로그램을 실행합니다.

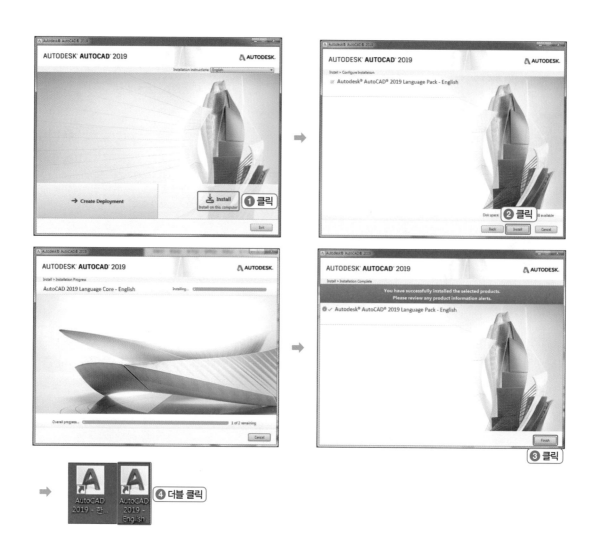

04_ 실행화면은 한글 버전과 동일하며, 실행 창이 나타나고 필요한 파일을 로드하면서 AutoCAD 2019 영문 버전이 실행됩니다. 이 책은 한글판으로 진행됩니다.

Tip

2019 버전뿐만 아니라 다른 버전 또한 언어 팩만 추가하는 것이 가능합니다.

AutoCAD 시작하기

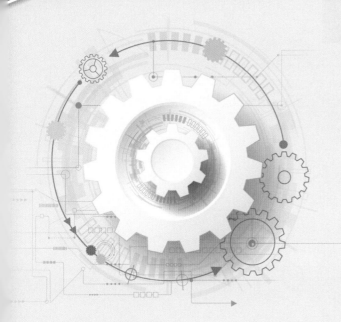

AutoCAD 환경

AutoCAD는 2D, 3D 등 작업 내용에 따라 다양한 사용자 환경을 지원합니다. 프로그램을 신속하고 효율적으로 사용하기 위해 화면 구성과 주요 도구의 위치를 파악하고 있어야 합니다.

STEP 1 · 작업화면 살펴보기

01_ AutoCAD의 화면구성을 살펴보기 위해 바탕화면에서 **A**을 더블 클릭하고 좌측 상단에서 새 도면 아이콘 **❶**을 클릭합니다.

Tip

새 도면을 한 번 더 클릭하면 또 다른 도면이 시작되고 Ctrl + Tab 을 사용해 작업 도면을 전환할 수 있습니다.

02_ AutoCAD의 전체 화면구성을 확인합니다.

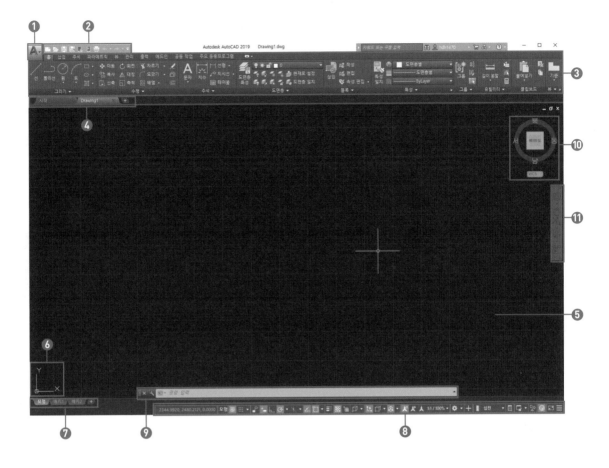

① 응용프로그램 메뉴(A)

[응용프로그램 A] 아이콘을 클릭하면 저장, 내보내기, 인쇄, 옵션 등 다양한 메뉴를 사용할 수 있습니다.

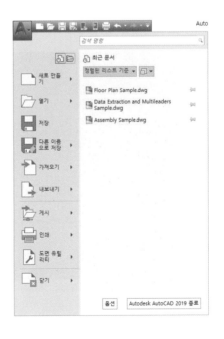

❷ 신속접근 도구 막대

도구 막대의 좌측부터 새 도면, 열기, 저장, 다른 이름으로 저장, 출력, 명령 취소, 명령 복구 등 자주 사용하는 기능들을 신속하게 사용할 수 있습니다.

❸ 리본 패널

상단의 [메뉴] 탭을 클릭하면 해당되는 내용으로 리본 메뉴가 펼쳐집니다. 그리기, 편집 등 작업에 필요한 주요 기능을 사용할 수 있습니다.

❹ 작업시트

여러 개의 파일을 열어 놓은 경우 해당 탭을 클릭해 이동하면서 작업할 수 있습니다. [Ctrl] + [Tab] 을 입력하면 신속하게 다른 작업시트로 이동할 수 있습니다.

❺ 도면 영역(도면 윈도우)

그리기 및 편집 등 작업하는 영역입니다.

❻ UCS

사용자 좌표계로 X, Y, Z축을 표시합니다. 필요에 따라 사용자가 방향이나 위치를 변경해 작업할 수 있습니다.

❼ [모형] 탭과 [배치] 탭

모형 공간에서 도면을 작성하고, 배치 공간에서는 모형 공간에서 작성된 도면을 배치할 수 있습니다.

모형 | 배치1 | 배치2 | +

❽ 상태 막대

상태 막대에는 좌표의 값, 보조 도구, 뷰 도구, 검색 도구 등 현재 적용된 작업환경이 표시됩니다. 어둡게 표시된 아이콘은 비활성화, 푸르게 표시된 아이콘은 활성화되었음을 표시합니다. 우측 끝에 사용자화(☰) 설정으로 표시사항을 변경할 수도 있습니다.

❾ 명령행(Command line)

– 기본 타입

| × ⚒ ⊵ - 명령 입력 |

– 클래식 타입

사용자가 명령을 입력하고 진행되는 상태와 옵션 등을 확인할 수 있습니다. 기본 타입의 명령행 좌측 끝부분을 드래그하여 하단으로 이동하면 클래식 타입으로 만들 수 있습니다.

| × 명령:
명령:
⚒ ⊵ - 명령 입력 |

❿ 뷰 큐브

뷰의 시점을 제어할 수 있는 도구로 주로 3차원 모델링에 많이 사용됩니다.

⑪ 탐색 막대

뷰의 초점을 이동, 확대 및 축소 등을 사용하여 표시된 도면을 탐색할 수 있습니다.

- 전체탐색 휠
- 초점 이동
- 줌 범위
- 궤도
- 쇼 모션

STEP 2 · 다양한 작업환경

01_ AutoCAD의 작업공간 전환(Workspace Switching)은 작업 내용에 따라 제도 및 주석, 3D 기본, 3D 모델링 환경을 기본적으로 지원하고 사용자가 직접 작업공간을 설정할 수 있습니다.

02_ 하단에 위치한 상태 막대의 [작업공간 전환 ⚙ ▾] 아이콘을 클릭하면 작업공간을 변경할 수 있습니다. [3D 기본사항], [3D 모델링]을 클릭해 작업공간을 변경해 보고 다시 기본 설정인 '제도 및 주석'으로 설정합니다.

- 제도 및 주석

- 3D 기본 사항

– 3D 모델링

> **Tip**
> ACU시험은 2차원 도면과 관련되므로 작업공간은 [제도 및 주석]으로 설정합니다.

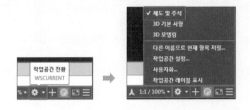

STEP 3 · 한글 버전과 영문 버전의 비교

01_ 한글과 영문 버전을 모두 실행해 비교해보겠습니다. 표시되는 언어를 제외한 모든 사항은 동일합니다.

① 리본

– 한글

– 영문

② 응용프로그램 메뉴

– 한글

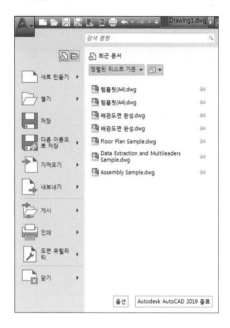

– 영문

③ 명령행 윈도우

– 한글

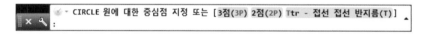

– 영문

영문 버전의 경우 처음에는 부담될 수도 있지만 대부분 기초적이고 익숙한 단어들이 많아 영어를 잘 모르더라도 어렵지 않게 작업할 수 있습니다.

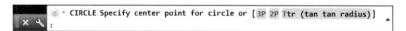

실력 점검 문제

01 다음 오토캐드 인터페이스 화면에 표시된 번호와 식별하는 설명(명칭)을 선을 그려 연결하시오.

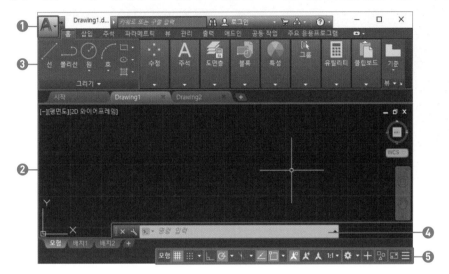

① •   • Ⓐ 상태막대

② •   • Ⓑ 리본 패널

③ •   • Ⓒ 도면 영역

④ •   • Ⓓ 명령행 윈도우

⑤ •   • Ⓔ 응용프로그램 메뉴

02 여러 개의 작업시트(도면 파일)를 열어 놓은 경우 신속하게 작업시트를 이동할 수 있는 단축키는 무엇인가?

① `Shift`+`Tab`   ② `Shift`+`Alt`

③ `Ctrl`+`Shift`   ④ `Ctrl`+`Tab`

⑤ `Ctrl`+`Alt`

정답 **01.** ①-Ⓔ, ②-Ⓒ, ③-Ⓑ, ④-Ⓓ, ⑤-Ⓐ **02.** ④

03 다음 그림에 표시된 오토캐드 인터페이스 요소의 설명(명칭)을 쓰시오.

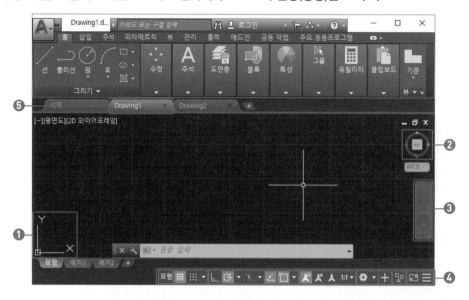

① _____

② _____

③ _____

④ _____

⑤ _____

04 작업공간 전환(Workspace Switching)을 설정할 수 있는 도구의 아이콘은 무엇인가?

① ⚙️ ▼

② ☰

③ A.

④ 🔧

⑤ ▱○△

정답 **03.** ① 사용자 좌표계, ② 뷰 큐브, ③ 탐색 막대, ④ 상태 막대, ⑤ 작업시트 **04.** ①

CHAPTER

2 작업환경 설정하기

효과적인 작업을 위해서는 작업 목적에 적합한 환경설정이 필요합니다. 일반 사용자 및 AUC시험 목적을 기준으로 상태 막대와 옵션의 일부 항목을 확인하고 설정합니다.

STEP 1 · 작업환경의 초기화

01_ 현재 사용 중인 오토캐드의 환경이 다른 사용자에 의해 변경되었거나 설치 직후의 기본 설정이 아닌 경우 초기화 하여 설정에 의한 문제 발생을 방지할 수 있습니다.

02_ 윈도우 [시작 버튼 ⊞]을 클릭합니다. [AutoCAD 2019-한국어]를 클릭하고 [기본값으로 재설정]을 클릭합니다.

03_ [사용자 설정 재설정]을 클릭하고 [확인]을 클릭하면 환경이 재설정되어 초기화됩니다.

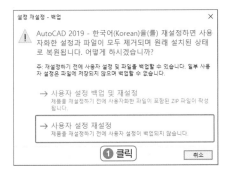

01_ 상태 막대의 모든 항목을 확인하기 위해 [사용자화 ▤]를 클릭합니다. 체크된 것이 상태 막대에 표시되는 항목입니다. 모든 항목을 체크해 상태 막대에 표시되도록 합니다.

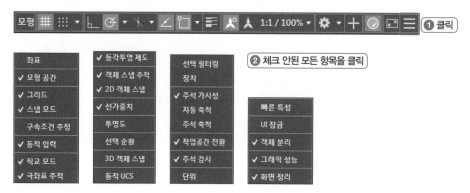

02_ 상태 막대의 아이콘을 클릭해서 ON/OFF 설정을 그림과 같이 4개 항목만 ON으로 설정합니다. (푸른색으로 보이는 것이 ON 상태입니다.)

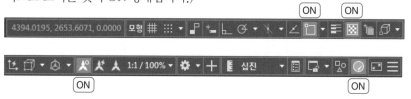

03_ 상태 막대의 켜기(ON)/끄기(OFF)는 키보드 상단의 기능키(Function Key)로 제어가 가능합니다. 기능키를 한 번씩 누를 때마다 켜기(ON)/끄기(OFF)로 전환되며 자주 사용되는 키는 다음과 같습니다.

① F1 : 도움말

진행 중인 명령이나 기능의 도움말을 로드

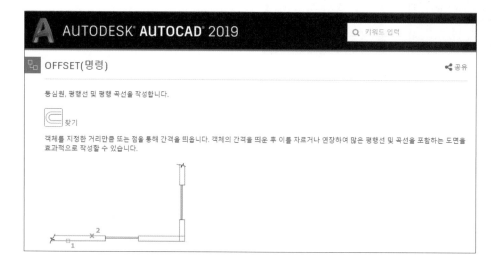

② F2 : 문자 윈도우

이전에 사용한 명령어의 진행과정을 보여주는 창을 로드

```
명령: L
LINE
첫 번째 점 지정:
다음 점 지정 또는 [명령 취소(U)]:  <직교 켜기> 100
다음 점 지정 또는 [명령 취소(U)]:
명령: O
OFFSET
현재 설정: 원본 지우기=아니오   도면층=원본   OFFSETGAPTYPE=0
간격띄우기 거리 지정 또는 [통과점(T)/지우기(E)/도면층(L)] <100.0000>: 50
간격띄우기할 객체 선택 또는 [종료(E)/명령 취소(U)] <종료>:
```

③ F3 : 객체 스냅 (▯)

선이나 호, 원 등 객체의 끝점, 중간점, 교차점, 중심점 등 정확한 위치를 표시한다.

④ F4 : 3D 객체 스냅 (▱)

3D객체에서 추가로 필요한 면의 중심, 모서리, 구석 등의 위치를 표시한다.

⑤ F5 : 등각투상면 전환

등각투상도 그리기 모드에서 투상면을 전환한다.

⑥ F6 : 동적UCS (▱)

3D 객체에서 UCS의 XY평면을 자동으로 정렬한다.

⑦ F7 : 그리드 모드(모눈) (▦)

도면 영역에 설정된 간격으로 그리드를 표시한다.

⑧ F8 : 직교 모드 (▯)

커서의 움직임을 X축과 Y축으로 제한해 수평과 수직으로만 이동한다.

⑨ F9 : 스냅 모드 (▦)

커서의 이동을 설정한 간격으로 제한한다.

⑩ F10 : 극좌표 추적 (◔)

커서를 설정한 각도로 이동한다.

⑪ F11 : 스냅 참조선 (◿)

객체 스냅을 기준으로 위치를 추적한다.

⑫ F12 : 동적입력 (▭)

명령의 입력 등 작업정보를 커서 옆에 표시한다.

⑬ 선가중치 표시 (▤)

설정된 선의 가중치(두께)를 설정하고 화면에 표시한다.

⑭ 투명도 표시 (▦)

도면층에 설정된 투명도를 화면에 표시한다.

STEP 3 · 화면 설정 및 저장 포맷 변경하기

01_ 도면 영역의 기본 바탕색은 짙은 회색으로 설정되어 있습니다. 검정색(Black)으로 변경하기 위해 Options 명령의 단축키 "OP"를 입력하고 [Enter↵]를 누릅니다. (좌측 상단의 [응용프로그램 메뉴 A]를 클릭한 후 하단에 있는 [옵션 옵션]을 클릭해도 실행됩니다.)

Tip
명령행 윈도우에 명령을 입력할 때 커서의 위치가 어디에 있더라도 키보드의 자판만 누르면 바로 입력됩니다.
명령을 입력하기 위해 명령행 윈도우로 커서를 이동해 클릭하고 입력하지 않아도 됩니다.

02_ 대화상자가 나타나면 [화면표시] 탭을 클릭하고 [색상]을 클릭합니다.

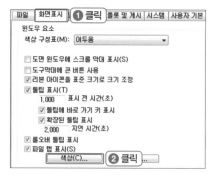

03_ [도면 윈도우 색상] 대화상자의 우측 색상 설정에서 콤보상자를 클릭한 다음 '검은색'을 선택하고 [적용 및 닫기]를 클릭합니다.

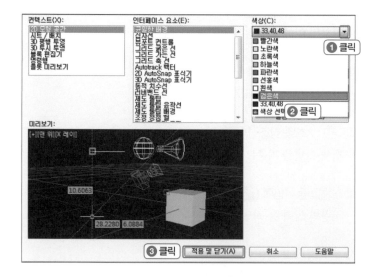

04_ 저장 포맷을 변경하기 위해 [열기 및 저장] 탭을 클릭하고 다른 이름으로 저장의 콤보상자를 클릭한 다음 [AutoCAD 2010/LT2010 도면(*.dwg)]를 선택합니다. 설정 창 하단의 [확인]을 클릭해 설정을 완료합니다.

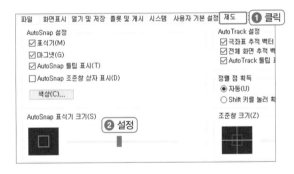

> **Tip**
> AutoCAD의 저장 포맷은 하위 호환만 지원하므로 높은 버전의 포맷으로 저장된 파일은 낮은 버전의 AutoCAD 에서는 파일을 열수 없습니다.
>
> **예** AutoCAD2018 도면 포맷으로 저장된 파일 → AutoCAD2013으로 파일을 열 수 없음
> AutoCAD2013 도면 포맷으로 저장된 파일 → AutoCAD2018로 파일을 열 수 있음

05_ 커서 크기를 변경하기 위해 [제도] 탭을 클릭하고 AutoSnap 표식기 크기에서 크기를 그림과 같이 중간 정도로 조정합니다.

06_ 계속해서 [선택] 탭을 클릭하고 확인란 크기, 그립 크기를 그림과 같이 중간 정도로 조정합니다. 설정 창 하단의 [확인]을 클릭해 설정을 완료합니다.

07_ 명령행의 위치를 변경하기 위해 좌측 끝 **❶**부분을 클릭한 후 드래그하여 그림과 같이 아래쪽으로 이동 하면 부착 표시가 점선으로 나타납니다. 이때 마우스 버튼에서 손을 떼면 하단에 부착됩니다.

08_ 부착된 명령행을 좀 더 키우기 위해 커서를 ❶부분으로 이동한 후 클릭하고 위로 드래그합니다. 3줄이나 4줄 정도 표시되게 설정합니다.

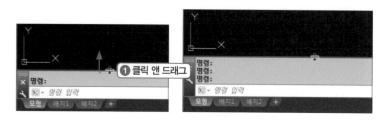

STEP 4 · 새 도면 시작 설정 변경하기

01_ AutoCAD를 실행하면 새 도면의 시작 설정이 기본 값으로 되어 있어 바로 도면이 시작되지 않습니다. [새 도면 **+**]을 클릭해 새 도면을 시작합니다.

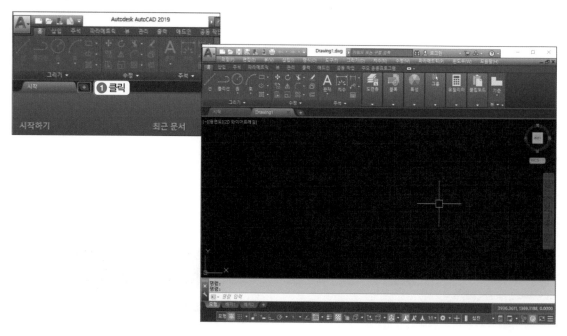

02_ 새 도면의 시작 설정을 변경하기 위해 명령행 윈도우에 "startup"을 입력하고 [Enter↵]를 누릅니다. 설정 값 [1]을 입력하고 [Enter↵]를 누릅니다.

03_ AutoCAD를 종료하고 다시 실행하면 처음과 다르게 새 도면을 작성하는 설정 창이 나타납니다. [미터법(M)]을 선택하고 확인을 클릭하면 새 도면이 시작됩니다.

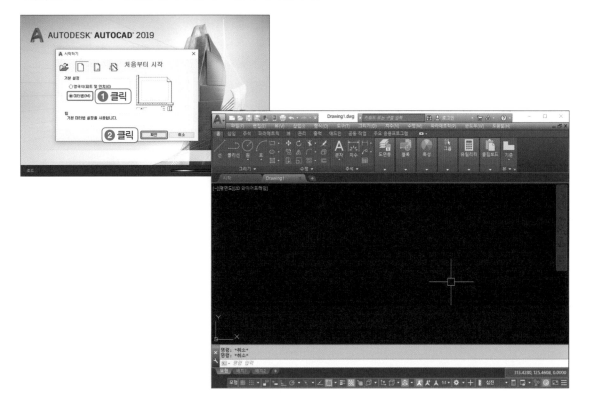

> **Tip**
>
> 새 도면의 시작을 설정하는 startup의 값은 0,1,2,3으로 시작 유형을 설정합니다.
> – 0 : 정의된 설정 없이 도면을 시작합니다.
> – 1 : 시작하기 또는 새 도면 작성 대화상자를 표시합니다.
> – 2 : [시작] 탭이 표시됩니다. 응용프로그램에서 사용 가능한 경우 사용자 대화상자를 표시합니다.
> – 3 : 새 도면을 열거나 작성하면 [시작] 탭이 표시되고 리본이 미리 로드됩니다.

실력 점검 문제

01 AutoCAD 운영 시 다양한 기능 지원 및 활성화 유무를 표시하는 상태 막대의 기능과 설명을 연결하시오.

① 그리드 모드 •
② 스냅 모드 •
③ 동적 입력 •
④ 극좌표 추적 •
⑤ 객체 스냅 •

• Ⓐ 객체의 끝점, 중간점, 교차점 등 정확한 위치를 표시
• Ⓑ 도면 영역에 설정된 간격으로 그리드를 표시
• Ⓒ 커서의 이동을 설정한 간격으로 제한
• Ⓓ 명령의 입력 등 작업정보를 커서 옆에 표시
• Ⓔ 커서를 설정한 각도로 이동

02 상태 막대의 아이콘 모양과 기능을 연결하시오.

① 극좌표 추적 •
② 객체 스냅 •
③ 선가중치 표시 •
④ 직교 모드 •
⑤ 동적입력 •

• Ⓐ
• Ⓑ
• Ⓒ
• Ⓓ
• Ⓔ

03 AutoCAD에서 저장과 관련된 내용으로 옳지 않은 것을 고르시오.

① 저장 파일의 확장자는 *.dwg를 사용한다.
② 소프트웨어의 각 버전별 저장 포맷은 통합되어 모두 동일하다.
③ save명령을 실행해 저장할 수 있다.
④ 작업 중인 도면의 일부를 새 도면으로 저장할 수 있다.

04 AutoCAD의 화면, 시스템, 제도, 선택 사항 등을 설정하는 명령은 무엇인가?

① options
② startup
③ AutoSnap
④ workspace

정답 **01.** ①-Ⓑ, ②-Ⓒ, ③-Ⓓ, ④-Ⓔ, ⑤-Ⓐ **02.** ①-Ⓒ, ②-Ⓐ, ③-Ⓔ, ④-Ⓑ, ⑤-Ⓓ **03.** ② **04.** ①

3 AutoCAD의 운영 시스템

AutoCAD의 운용은 대부분 명령행 윈도우에서(Command Line) 진행됩니다. 명령행 윈도우는 작업의 진행 상태 및 작업자가 확인해야 할 정보를 표시하여 작업을 원활하게 진행할 수 있게 유도합니다.

STEP 1 · 사용자와 대화식인 운영 시스템의 이해

01_ 명령행 윈도우를 이해하기 위해 AutoCAD 2019를 실행하고 신속 접근 도구 막대의 [열기 📂]를 클릭합니다. [P01/Ch03/명령행의 이해.dwg] 파일을 선택하고 [열기]를 클릭합니다.

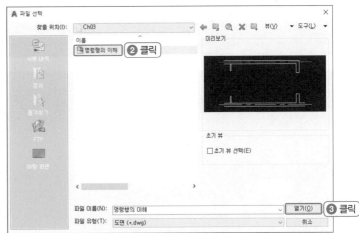

Tip

실습에 필요한 파일 다운로드

성안당 홈페이지(https://www.cyber.co.kr)에 로그인한 후 [자료실]–[자료실 바로가기]에서 검색 란에 "ACU"를 입력합니다. 검색된 도서명을 클릭한 후 [자료 다운로드 바로가기] 버튼을 클릭하여 파일을 다운로드 받습니다.

02_ 선을 그리기 위해 Line 명령의 단축키 "L"을 입력하고 Enter↵를 누릅니다.

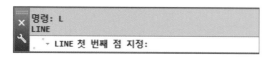

03_ 명령이 실행되면 AutoCAD는 선이 시작되는 첫 번째 지점이 어디인지 명령행 윈도우를 통해 사용자에게 정보 입력을 요청합니다.

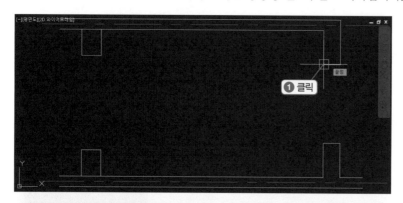

04_ ❶지점을 클릭하면 AutoCAD는 다시 다음 점의 위치 정보를 요청합니다. ❷지점을 클릭하고 Enter↵를 눌러 작업을 종료합니다. 작업이 종료되면 명령행 윈도우는 초기화됩니다.

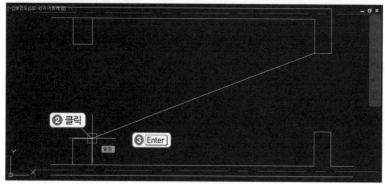

05_ 계속해서 원을 그리기 위해 Circle 명령의 단축키 "C"를 입력하고 Enter↵를 누릅니다.

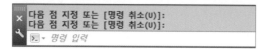

06_ 명령이 실행되면 AutoCAD는 그리고자 하는 원의 중심점이 어디인지 명령행 윈도우를 통해 사용자에게 정보 입력을 요청합니다.

```
다음 점 지정 또는 [명령 취소(U)]:
명령: C CIRCLE
    CIRCLE 원에 대한 중심점 지정 또는 [3점(3P) 2점(2P) Ttr - 접선 접선 반지름(T)]:
```

07_ 원의 중심점을 ①지점 근처에 클릭하면 AutoCAD는 원의 반지름 정보를 요청합니다. (이때 커서를 움직이면 그려질 원이 보여집니다.)

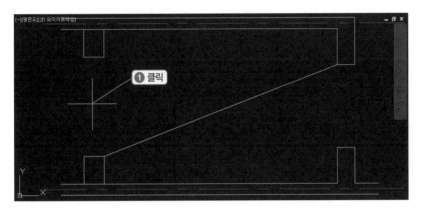

```
CIRCLE
원에 대한 중심점 지정 또는 [3점(3P)/2점(2P)/Ttr - 접선 접선 반지름(T)]:
    CIRCLE 원의 반지름 지정 또는 [지름(D)]:
```

08_ 반지름 값 "300"을 입력하고 Enter↵를 눌러 작업을 종료합니다. 작업을 종료하면 원이 그려지고 명령행 윈도우는 초기화 됩니다.

```
명령: C CIRCLE
원에 대한 중심점 지정 또는 [3점(3P)/2점(2P)/Ttr - 접선 접선 반지름(T)]:
    CIRCLE 원의 반지름 지정 또는 [지름(D)]: 300  입력+Enter
```

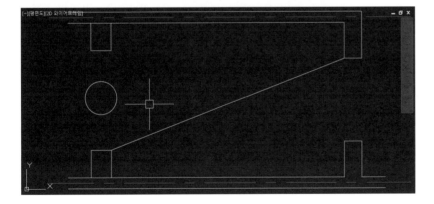

09_ 작업 방식은 선과 원을 그린 과정으로 진행됩니다. 작업 중 명령행 윈도우만 잘 보면서 진행하면 어렵지 않게 작업할 수 있습니다.

STEP 2 · 시간 단축을 위한 바른 자세

01_ AutoCAD 운영 시 반복적으로 명령과 수치 값을 입력합니다. 장문을 쓰는 경우가 아닌 이상 오른손은 항상 마우스 커서의 위치와 방향을 제어할 수 있도록 마우스를 잡고 있어야 하며, 왼손은 명령의 입력과 수치 값을 신속하게 입력하기 위해 키보드 위에 올려놓는 것이 좋습니다.

Tip
AutoCAD에서 Enter↵ 키와 Spacebar 키의 기능은 명령의 실행과 종료 기능으로 사용됩니다(문자 입력 시 제외). 명령어, 수치 값 등을 입력할 때는 왼손을 사용하는데 왼손의 엄지로 Spacebar 를 누르면 명령을 쉽게 실행할 수 있습니다.

3 실력 점검 문제

01 명령행 윈도우의 설명으로 옳지 않은 것은 무엇인가?

① 명령의 옵션 및 진행 상태를 표시한다.

② 명령행 윈도우는 Ctrl + 9 를 입력해 닫거나 열 수 있다.

③ 명령을 입력 후 실행할 때는 Enter↵, Spacebar, ESC 를 모두 사용할 수 있다.

④ 명령행 윈도우의 크기는 사용자가 변경할 수 있다.

02 다음 중 작성된 DWG 파일을 불러오는 아이콘은 무엇인가?

① ☐   ② ☐

③ ☐   ④ ☐

03 명령행에 입력된 명령을 실행시키는 키(Key)는 무엇인가?

① Enter↵, Ctrl   ② Enter↵, Shift

③ Enter↵, Spacebar   ④ Enter↵, Alt

4 도면 그리기 준비

도면 작업은 화면 이동, 명령어 입력, 대상 선택 등의 작업이 반복됩니다. 이러한 기본적인 작업 과정을 이해하고 신속하게 진행할 수 있어야 합니다.

STEP 1 · 마우스 휠(Zoom) 기능으로 도면 살펴보기

01_ 마우스 휠의 기능을 연습하기 위해 AutoCAD 2019를 실행합니다. 신속 접근 도구 막대의 [열기 📂] 를 클릭합니다. [P01/Ch04/마우스 휠.dwg] 파일을 선택하고 [열기]를 클릭합니다.

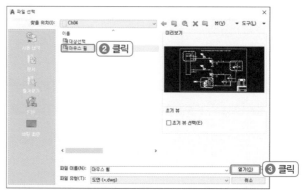

02_ 화면을 이동하는 Pan

커서를 ❶지점으로 이동한 후 마우스 휠 버튼을 꾹 누른 상태에서 마우스를 움직여봅니다. 커서가 손바닥(🖐) 모양으로 변경되고 화면을 이동할 수 있게 됩니다. A부분을 화면 중앙에 오도록 이동하고 휠 버튼에서 손을 뗍니다.

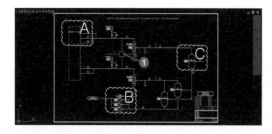
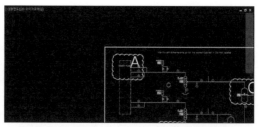

03_ 확대/축소

커서를 A영역 **❶**지점으로 이동하고 마우스의 휠을 위쪽으로 돌려주면 확대되고, 아래쪽으로 돌려주면 화면이 축소됩니다.

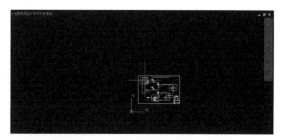

▲ 위로 돌림(확대)　　　　　　　　　　　　　▲ 아래로 돌림(축소)

> **Tip**
> 확대와 축소의 기준은 커서의 위치입니다. 화면을 확대/축소할 때는 해당 영역으로 커서를 이동한 후 휠을 돌려주어야 효과적으로 확대/축소할 수 있습니다.

04_ 모든 대상을 화면에 모아주는 Zoom Extents

도면이 축소된 상태에서 마우스의 휠을 빠르게 더블 클릭하면 도면 전체를 한눈에 볼 수 있게 확대됩니다. 반대로 특정 부분을 확대한 후에는 축소되면서 도면 전체가 화면에 들어옵니다.

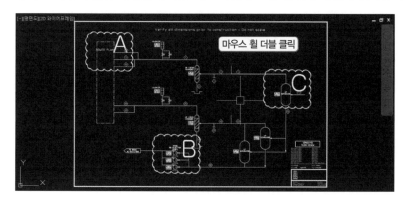

> **Tip**
> 휠을 더블 클릭할 때의 커서 위치는 상관없습니다.

AutoCAD 운영 시 나타나는 커서의 종류는 4가지입니다. 각 커서의 역할을 알고 있으면 진행과정을 쉽게 파악할 수 있습니다.

① 대기상태의 커서

어떤 명령도 실행되지 않은 대기상태일 때 나타납니다. 명령을 입력할 때는 대기상태에서만 입력해야 명령을 실행할 수 있습니다.

대기상태의 커서일 때 명령행 윈도우

② 십자 커서

십자 커서는 작업에 필요한 위치를 지정할 때 이 모양으로 바뀌게 되며, 해당 위치를 클릭하면 현재 위치가 입력됩니다.

③ 선택 커서

선택 커서는 명령 실행 중 작업에 필요한 대상을 선택해야 할 때 나타납니다.

④ 화살표 커서

메뉴나 설정 대화상자에서 아이콘이나 버튼 등을 클릭할 때 표시됩니다.

> **Tip**
> 총 4개의 마우스 커서를 사용하지만 십자 커서와 선택 커서의 의미만 명확히 구분해도 학습에 많은 도움이 됩니다.

01_ step 2의 선택 커서로 대상을 선택하는 방법은 크게 두 가지로 하나하나 클릭하는 포인팅과 영역을 지정하는 방법이 있습니다. 내용을 학습하기 위해 신속 접근 도구 막대의 [열기📂]를 클릭하고 [P01/Ch04/대상선택.dwg] 파일을 선택하고 [열기]를 클릭합니다.

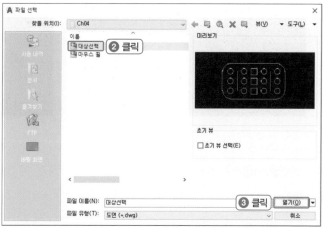

02_ 하나씩 클릭해서 선택(Pointing)

포인팅 선택을 학습하기 위해 홈 탭의 수정 패널에서 [이동✛]을 클릭합니다. 이동 대상을 선택해야 하므로 커서의 모양은 □으로 변경됩니다.

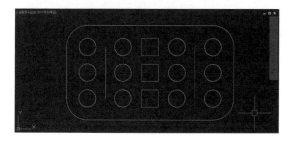

03_ 선택할 대상 원 ❶, ❷, ❸ 위에 □모양의 커서를 올려놓고 클릭하면 선택됩니다. ESC를 눌러 작업을 취소합니다.

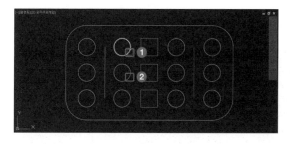

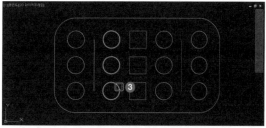

04_ 영역을 지정하는 윈도우 선택(Window Box)

[이동 ✛]을 클릭합니다. 커서를 ❶지점에서 클릭(버튼을 누르고 있지 않습니다.)하고 ❷지점에서 클릭하면 영역에 포함된 대상만 선택됩니다. ESC 를 눌러 작업을 취소합니다.

Tip 첫 번째 클릭 후 우측 방향으로 이동하여 클릭하는 방법입니다. 일부가 걸쳐진 대상은 선택되지 않습니다.

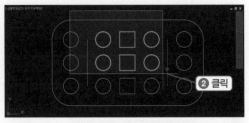

05_ 영역을 지정하는 걸침 윈도우 선택(Crossing Box)

[이동 ✛]을 클릭합니다. 커서를 ❶지점에서 클릭(버튼을 누르고 있지 않습니다.)하고 ❷지점에서 클릭하면 영역에 포함된 대상과 걸쳐진 대상까지 선택됩니다. ESC 를 눌러 작업을 취소합니다.

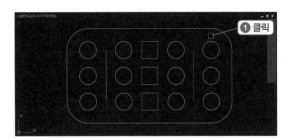
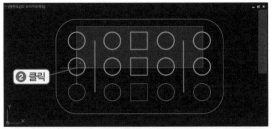

Tip 첫 번째 클릭 후 좌측 방향으로 이동하여 클릭하는 방법입니다. 앞서 확인한 3가지 선택 방법은 자주 사용하는 방법이며, 이외에도 많은 방법이 더 있습니다.
명령행에 모두 선택 – ALL, 윈도우 폴리곤 – WP, 걸침 폴리곤 – CP, 이전 – P를 입력하면 됩니다.

06_ 선택 취소

[이동 ✛]을 클릭합니다. 커서를 ❶지점에서 클릭하고 ❷지점에서 클릭하면 영역에 포함된 대상만 선택됩니다. Shift 를 누른 상태로 선분 ❸, ❹를 클릭해 선택에서 제외시킵니다. ESC 를 눌러 작업을 취소합니다.

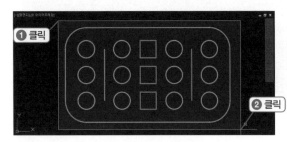
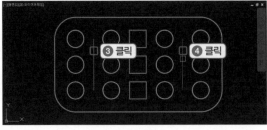

01_ AutoCAD는 사용자 설정에 의한 템플릿을 만들어 새 도면을 시작할 수 있습니다. AutoCAD를 실행하고 템플릿에 적용할 '미터법(M)'을 선택하고 [확인]을 클릭합니다.

02_ 사용자 유형에 맞는 설정 후 [응용프로그램] 버튼을 클릭합니다. [다른 이름으로 저장]의 ❷부분을 클릭하고 [도면 템플릿]을 클릭합니다.

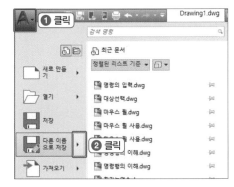 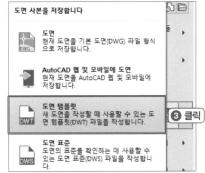

03_ 템플릿 이름을 "ACU_start"로 하고 [저장]을 클릭한 후 템플릿의 설명을 다음과 같이 작성해 완료합니다.

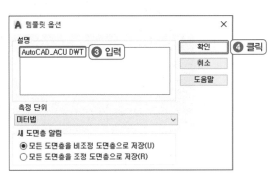

Tip
저장된 템플릿은 [새 도면 작성]의 [템플릿 사용] 항목
❶을 클릭하면 파일을 선택해 시작할 수 있습니다.

4 실력 점검 문제

01 [P01/Ch04/template test.dwg] 파일을 열어 AutoCAD의 템플릿 파일을 다음과 같은 조건으로 작성하시오.

- 템플릿 이름(파일명) : AutoCAD user
- 템플릿 설명 : AutoCAD_ACU default
- 사용 단위 : 미터법

02 도면 작성 시 객체는 도면 단위로 측정됩니다. AutoCAD에서 설정할 수 있는 도면의 단위 유형이 아닌 것은?

① 건축   ② 공학

③ 과학   ④ 분수

⑤ 밀리미터

03 명령을 실행해 객체를 선택하는 방법 중 다음 그림과 같은 방법의 용어는 무엇인가?

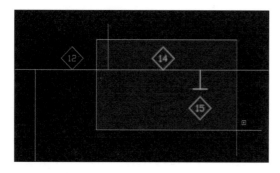

① 윈도우 선택   ② 걸침윈도우 선택

③ 걸침다각형 선택   ④ 직접(포인팅) 선택

04 **AutoCAD 운영 시 마우스 휠의 기능으로 옳지 않은 것은?**

① 확대 보기
② 축소 보기
③ 초점 이동(Pan)
④ 범위 보기(Extents)
⑤ 연속 궤도

05 **객체를 선택하는 방법과 설명을 올바르게 연결하시오.**

① 윈도우 선택 •	• A. 선택 커서로 객체를 하나씩 클릭
② 걸침 윈도우 선택 •	• B. 좌측에서 우측방향으로 영역을 클릭
③ 신속 선택 •	• C. 우측에서 좌측방향으로 영역을 클릭
④ 직접(포인팅) 선택•	• D. 필터링을 사용하여 특성을 지정해 객체를 선택

정답 | **02.** ⑤ **03.** ① **04.** ⑤ **05.** ①-Ⓑ, ②-Ⓒ, ③-Ⓓ, ④-Ⓐ

CHAPTER

5 명령 입력

명령을 실행하는 다양한 방법을 확인하고 빠른 작업을 위한 명령의 실행과 종료 및 취소하는 과정
을 학습합니다.

STEP 1 · 리본 메뉴 사용하기

01_ 신속 접근 도구 막대의 [열기📂]를 클릭한 후 [P01/Ch05/명령의 입력.dwg] 파일을 선택하고 [열기]
를 클릭합니다.

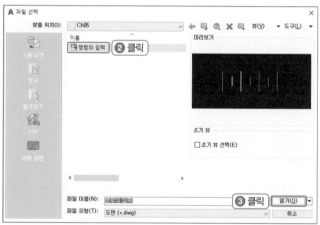

02_ 선 그리기 명령으로 작업해 보겠습니다. 리본 메뉴 [홈] 탭을 클릭하고 [선] 아이콘을 클릭합니다. 명령
행을 확인해 보면 아이콘 클릭과 동시에 선(Line) 명령이 실행된 것을 알 수 있습니다.

03_ 선이 시작될 첫 번째 ❶지점을 클릭하고 이어서 ❷, ❸지점을 클릭합니다. [Enter.↵]를 눌러 명령을 종료
합니다.

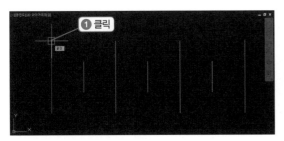 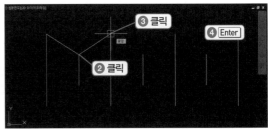

STEP 2 · 풀다운 메뉴 사용하기

01_ 풀다운 메뉴를 추가하기 위해 명령행에 "MENUBAR"를 입력하고 [Enter.↵]를 누릅니다. 새 값 입력에
"1"을 입력하고 [Enter.↵]를 누르면, 리본 메뉴 상단에 풀다운 메뉴가 추가됩니다.

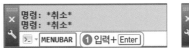 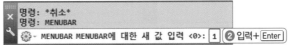

> **Tip**
>
> AutoCAD의 환경 설정과 관련된 시스템 명령은 '0, 1, 2' 등 숫자를 입력해 설정합니다. 다양한 설정이 있는 경우
> 는 '2' 이상의 값을 입력할 수 있으며, 끄고 켜는 기능은 "0"과 "1"을 입력합니다. '0'은 끄기(OFF), '1'은 켜기(ON)
> 를 뜻합니다.

02_ [그리기] 메뉴를 클릭하고 [선]을 클릭합니다. 명령행을 확인해 보면 메뉴 클릭과 동시에 선(Line) 명령
이 실행된 것을 알 수 있습니다.

03_ 선이 시작될 첫 번째 ❶지점을 클릭하고 이어서 ❷, ❸지점을 클릭합니다. Enter↵ 를 눌러 명령을 종료합니다.

STEP 3 · 명령행 사용하기

01_ 선(Line) 명령의 단축키 "L"을 입력한 후 Enter↵ 를 누릅니다.

 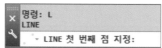

※ 명령행에 단축키를 직접 입력하는 방법이 빠르기 때문에 가장 많이 사용됩니다.

02_ 선이 시작될 첫 번째 ❶지점을 클릭하고 이어서 ❷, ❸지점을 클릭합니다. Enter↵ 를 눌러 명령을 종료합니다.

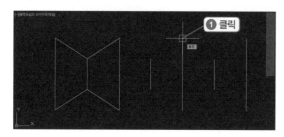 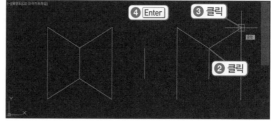

STEP 4 · 명령을 신속하게 사용하기(실행, 종료, 취소)

01_ 선(Line) 명령의 단축키 "L"을 입력한 후 Enter↵ 를 누릅니다.

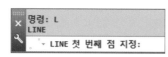 

02_ 선이 시작될 첫 번째 ❶지점을 클릭하고 이어서 ❷, ❸지점을 클릭합니다. Enter↵를 눌러 명령을 종료합니다.

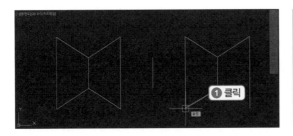 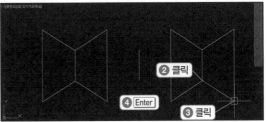

03_ 명령을 반복하기 위해 Enter↵만 누릅니다. 명령행을 확인해보면 선(Line) 명령이 실행되었습니다. ❷, ❸, ❹지점을 클릭하고 Enter↵를 눌러 종료한 후 다시 Enter↵를 눌러 ❼, ❽, ❾지점을 클릭하고 Enter↵를 눌러 작업을 종료합니다.

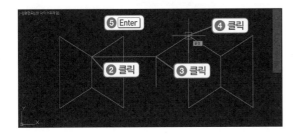 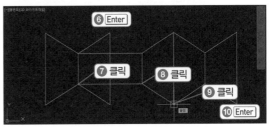

Tip
명령어를 사용한 후 동일한 명령을 다시 사용할 경우 명령을 다시 입력하지 않아도 Enter↵나 Spacebar만 누르면 바로 전에 사용한 명령을 반복해서 실행할 수 있습니다. 동일한 명령을 반복해서 사용할 경우 매우 효과적인 기능이니 습관이 될 수 있게 연습합니다.

04_ 명령 취소

명령어를 입력하다 오타나, 작업 중 명령을 취소할 경우 ESC를 누르면 명령행은 대기상태로 표시됩니다. "abc"를 입력하고 ESC를 눌러보면 명령이 취소됩니다.

다음 점 지정 또는 [명령 취소(U)]:	다음 점 지정 또는 [닫기(C)/명령 취소(U)]:
다음 점 지정 또는 [닫기(C)/명령 취소(U)]:	명령: abc*취소*
>_ abc 입력+ESC	>_ 명령 입력

5 실력 점검 문제

01 다음 도구의 명칭이 잘못된 것은?

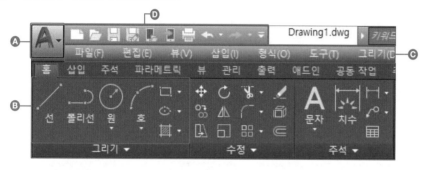

① A – 응용프로그램   ② B – 리본메뉴
③ C – 메뉴 막대   ④ D – 설정도구 막대

02 AutoCAD 운영 시 사용되는 Key의 기능설명으로 잘못된 것은?

① [Enter↵] – 명령행의 모든 값을 삭제
② [Spacebar] – 명령의 실행과 종료
③ [ESC] – 명령 취소
④ [Delete] – 객체 삭제

정답   **01.** ④   **02.** ①

기본 명령 사용하기

1 도면의 시작과 좌표

명령의 유형에 따라 입력해야 할 좌표(위치 정보)를 파악해야 신속하고 정확한 작업이 가능합니다. 가장 기본적인 명령인 Line을 사용해 선을 그리면서 명령 실행의 과정과 좌표를 학습합니다.

STEP 1 · Line(L) – 선 그리기

01_ [P02/Ch01/Line.dwg] 실습파일을 불러옵니다. Line 명령을 사용해 우측의 도형을 작성해 보겠습니다.

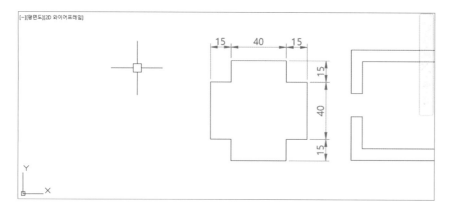

 Tip

Part02와 Part03부분은 컬러의 구분이 불필요한 부분으로 교재의 가독성을 위해 배경을 흰색으로 처리하고 선을 검정으로 하였습니다. 학습자의 배경색은 Part01에서 설정한 검정색을 유지합니다.

02_ 화면 하단의 상태 막대가 그림과 같은지 확인합니다. 그림과 같지 않은 경우 막대의 아이콘을 클릭해 동일하게 설정합니다. (상태 막대의 자세한 설정방법은 Part01의 Ch02를 참고합니다.)

03_ Line(L) 명령을 실행하기 위해 단축키 "L"을 입력하고 Enter↵를 누릅니다. 선분의 시작점 ❷를 클릭한 후 F8을 누르고 커서를 우측 ❸지점으로 이동하면 선분이 수직으로 제어됩니다.

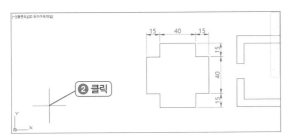

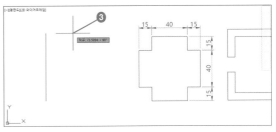

> **Tip**
> F8 직교(Ortho)는 수평과 수직으로만 이동할 수 있게 해줍니다.

04_ 좌표(위치)를 거리 값으로 입력

커서의 위치를 그리고자 하는 방향인 ❶지점으로 이동한 상태에서 명령행에 선의 길이 "40"을 입력하고 Enter↵를 누릅니다. 커서의 위치를 ❸지점으로 이동하면 작성한 선의 길이가 확인됩니다.

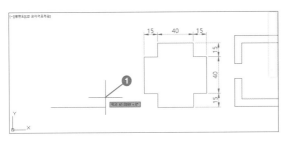

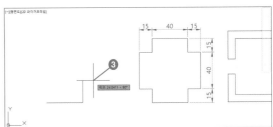

05_ 커서를 위쪽 ❶지점으로 이동한 후, 거리 값 "15"을 입력하고 Enter↵를 누릅니다. 다시 커서를 ❸지점으로 이동한 후 거리 값 "15"를 입력하고 Enter↵를 누릅니다.

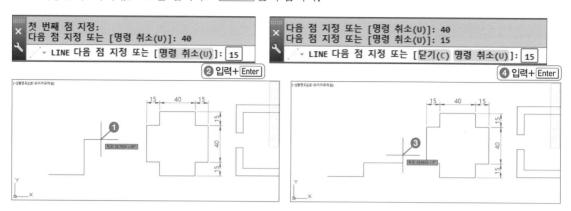

06_ 동일한 방법으로 다음 도면의 치수를 보고 선의 끝점까지 작성하고 마지막에 Enter↵를 한 번 더 눌러 작업을 종료합니다.

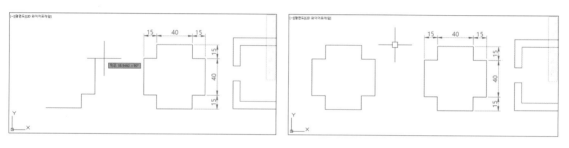

> **Tip**
> 작업 도중 명령이 종료되어 선이 끊어지면, 빈 공간에서 처음부터 다시 연습합니다. 끊어진 선에서 작업은 객체 스냅을 학습한 후에 가능합니다.

07_ 마우스 휠을 꾹 누른 상태로 좌측으로 드래그하여 가장 우측의 도면을 그림과 같이 배치합니다.

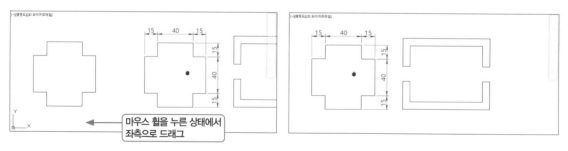

08_ 위치 지정

명령행에 [Line(L)] 명령 단축키 "L"을 입력한 후 Enter⏎를 눌러 실행하고, 커서를 ❶지점으로 이동해 끝점(⊞) 표식에서 클릭하면 정확하게 선의 끝 부분을 지정할 수 있습니다. 다시 ❷지점으로 커서를 이동해 클릭합니다. (F8 직교(Ortho)의 ON/OFF는 관계없으며 OFF인 경우 그림과 같이 사선으로 표시됩니다. ⊞ 표식이 나타나지 않으면 F3 을 눌러줍니다.)

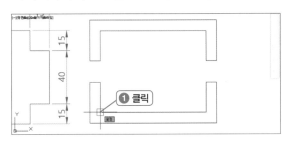
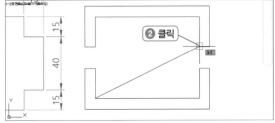

09_ 옵션 사용

선의 위치를 다시 지정하기 위해 "U"를 입력하고 Enter⏎를 누릅니다. 다시 ❷지점으로 커서를 이동해 클릭하고, Enter⏎를 눌러 명령을 종료합니다. 계속해서 다음 그림과 같이 완성합니다.

(취소 옵션인 [U]를 누를 때마다 작업과정이 한 단계씩 취소됩니다. '닫기(C)' 옵션은 선이 시작된 위치로 선을 연결하고 작업을 종료하는 옵션입니다.)

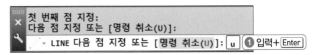

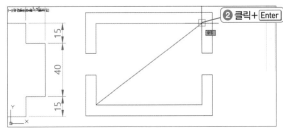
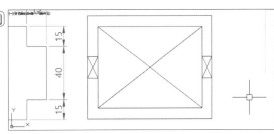

01_ [P02/Ch01/Erase.dwg] 실습파일을 불러옵니다. Erase 명령을 사용하여 도형의 일부를 삭제해 보겠습니다.

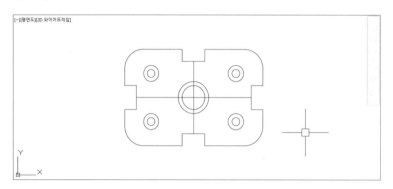

02_ 객체를 선택해서 삭제

Erase(E) 명령 "E"를 입력하고 [Enter↵]를 누르면 명령행에 지울 대상을 선택하라는 '객체 선택'이 나타나고 커서는 선택 커서인 □ 모양으로 표시됩니다. 화면을 확대하고 선택 커서를 ❷ 위에 놓고 클릭한 후, ❸ 위에서도 클릭하고 [Enter↵]를 누르면 선택한 두 개의 원이 삭제됩니다.

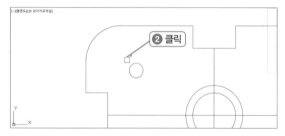

03_ 객체를 포함 선택해서 삭제

[Enter↵]를 누르면 이전에 사용한 Erase 명령이 반복 실행됩니다. ❷지점을 클릭한 후 ❸지점을 클릭하면 푸른색 바탕의 영역이 만들어지고 영역에 포함된 4개의 원이 선택됩니다. [Enter↵]를 누르면 지워집니다.

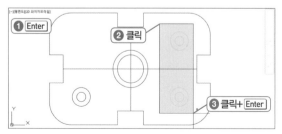

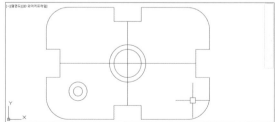

04_ 객체를 걸침 선택해서 삭제

Enter↵를 누르면 Erase 명령이 반복 실행됩니다. ❷지점을 클릭한 후 ❸지점을 클릭하면 녹색 바탕의 영역이 만들어지면서 영역에 포함되고 걸쳐진 4개의 원이 선택됩니다.

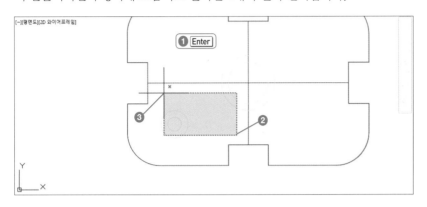

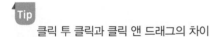

클릭 투 클릭과 클릭 앤 드래그의 차이

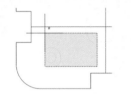

클릭 투 클릭은 사각형으로 영역을 지정

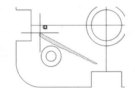

클릭 앤 드래그는 올가미형태로 영역을 지정

05_ Shift를 누른 상태에서 가장 큰 원인 ❶을 클릭하고 Enter↵를 누르면 큰 원을 제외한 원 3개가 삭제됩니다. (Shift를 누른 상태에서 객체를 선택하면 선택 세트에서 제외됩니다.)

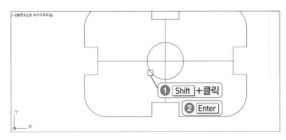

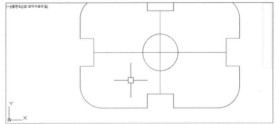

06_ Delete key로 지우기

명령을 실행하지 않은 대기상태의 커서( )로 삭제할 객체를 클릭하고 Delete를 누르면 선택된 대상이 지워집니다. Delete key를 사용한 방법도 포함 선택과 걸침 선택이 가능합니다. Erase 명령, Delete key의 선택은 사용자가 편한 방법으로 진행합니다.

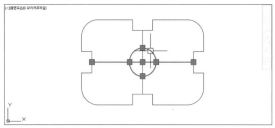

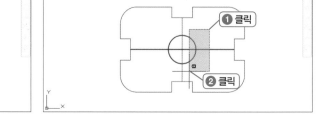

▲ ⊹ 커서로 하나씩 클릭 후 delete

▲ ⊹ 커서로 ❶, ❷지점을 클릭 후 delete

01_ 명령행에 "NEW"를 입력하고 Enter↵를 눌러 새 도면을 시작합니다. 미터법을 선택하고 [확인] 버튼을 클릭합니다.

02_ 절대좌표

Line(L) 명령의 단축키 "L"을 입력하고 Enter↵를 누른 후, 첫 번째 점의 절대좌표 위치로 "200,100"을 입력하고 Enter↵를 누릅니다.

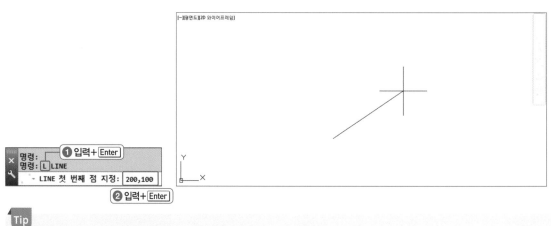

Tip

절대좌표는 원점(0,0)을 기준으로 좌표 값을 입력 → "X,Y"로 입력

03_ 계속해서 다음과 같이 입력합니다.

"300,100" 입력+〔Enter↵〕, "300,200" 입력+〔Enter↵〕, "200,200" 입력+〔Enter↵〕, "200,100" 입력+〔Enter↵〕,
종료하기 위해 한 번 더 〔Enter↵〕를 누릅니다.

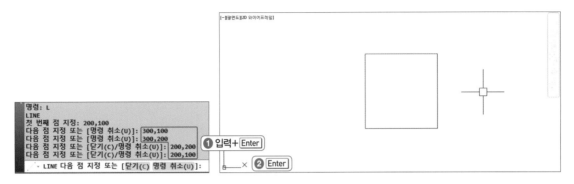

04_ 다음 그림을 보고 원점을 기준으로 한 절대좌표의 입력 방법을 이해합니다.

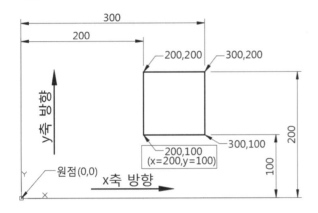

05_ 명령행에 "NEW"를 입력하고 〔Enter↵〕를 눌러 새 도면을 시작합니다. 미터법을 선택하고 [확인] 버튼을
클릭합니다.

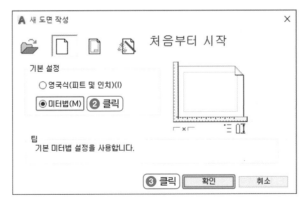

06_ 상대좌표

Line(L) 명령의 단축키 "L"을 입력하고 Enter↵를 누른 후, 첫 번째 점의 위치 ❷를 클릭합니다.

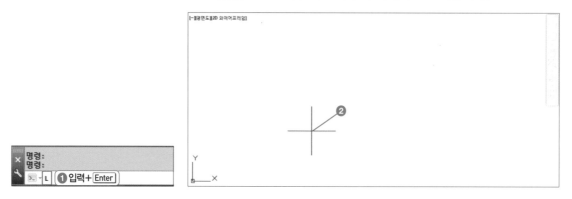

07_ 다음 점은 현재 위치에서 X축 방향으로 '100', Y축 방향으로 '0'을 이동한 지점 "@100,0"을 입력하고 Enter↵를 누릅니다.

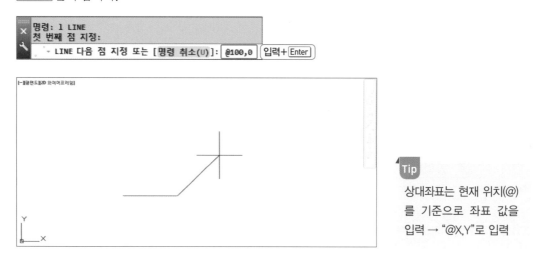

> **Tip**
> 상대좌표는 현재 위치(@)
> 를 기준으로 좌표 값을
> 입력 → "@X,Y"로 입력

08_ 계속해서 다음과 같이 입력합니다.

"@0,100" 입력+Enter↵, "@-100,0" 입력+Enter↵, "@0,-100" 입력+Enter↵. 종료하기 위해 한 번 더 Enter↵를 누릅니다.

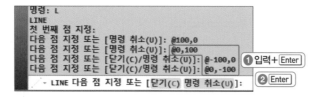

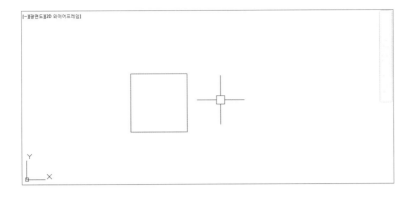

09_ 다음 그림을 보고 현재 위치를 기준으로 한 상대좌표의 입력 방법을 이해합니다.

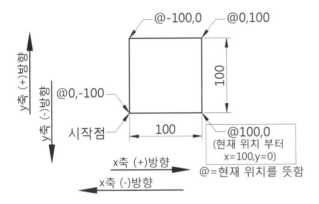

10_ 명령행에 "NEW"를 입력하고 [Enter↵]를 눌러 새 도면을 시작합니다. 미터법을 선택하고 [확인] 버튼을 클릭합니다.

11_ 상대극좌표

Line(L) 명령의 단축키 "L"을 입력하고 Enter↵ 를 누른 후, 첫 번째 점의 위치 ❷를 클릭합니다.

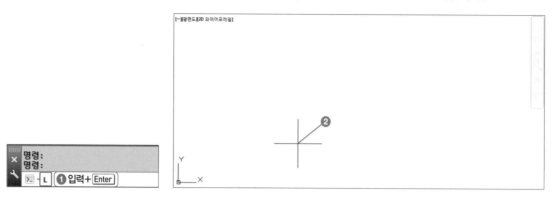

12_ 다음 점은 현재 위치에서 길이가 '100', 각도가 '0°'인 지점을 입력하기 위해 "@100〈0"을 입력하고 Enter↵ 를 누릅니다.

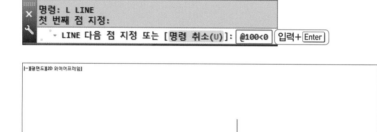

> **Tip**
> 현재 위치를 기준으로 좌표 값을 길이와 각도로 입력 → "@길이〈각도"로 입력

13_ 계속해서 다음과 같이 입력합니다.

"@100〈120" 입력+Enter↵ , "@100〈240" 입력+Enter↵ , 종료하기 위해 한 번 더 Enter↵ 를 누릅니다.

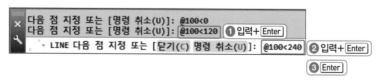

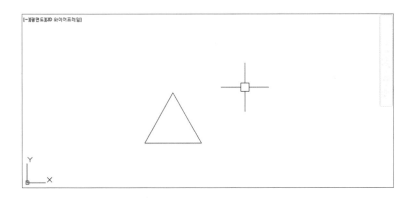

14_ 다음 그림을 보고 현재 위치 및 길이와 각도를 기준으로 한 상대극좌표의 입력 방법을 이해합니다. (시계방향 각도인 "@100⟨−120"을 입력해도 됩니다.)

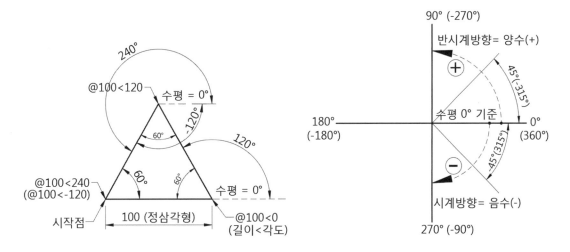

실력 점검 문제

01 좌표와 좌표를 입력하는 방법으로 올바르게 연결하시오.

① 절대좌표 •   • Ⓐ 원점(0,0)을 기준으로 'X,Y' 값을 입력

② 상대좌표 •   • Ⓑ 현재위치를 기준으로 '@X,Y' 값을 입력

③ 상대극좌표•   • Ⓒ 현재위치를 기준으로 '@길이〈각도' 값을 입력

④ 거리좌표 •   • Ⓓ F8 (Ortho)를 On으로 설정하고 거리 값을 입력

02 직교 모드(F8)와 거리 값을 사용해 다음 도형을 작성하시오.

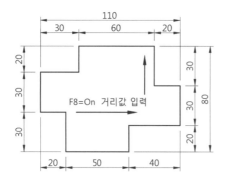

03 직교 모드(F8)와 상대좌표로 입력해 다음 문자형 도형을 작성하시오.

Tip 문자와 문자 사이의 거리는 임의의 간격으로 작업자가 보기 좋게 작성합니다.

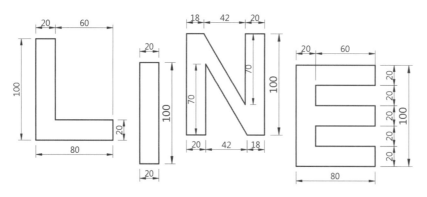

정답 **01.** ①-Ⓐ, ②-Ⓑ, ③-Ⓒ, ④-Ⓓ

2 위치를 추적하는 객체 스냅과 원의 생성

도면 작성에 꼭 필요한 객체 스냅의 사용과 설정 사항을 이해하고 원을 그릴 수 있는 Circle과 호를 그리는 Arc 명령을 학습합니다.

STEP 1 객체 스냅의 설정과 사용

01_ 객체 스냅의 설정

[P02/Ch02/Osnap.dwg] 실습파일을 불러옵니다. Osnap(OS) 명령의 단축키 "OS"를 입력하고 Enter↵를 누릅니다.

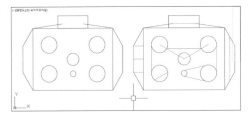

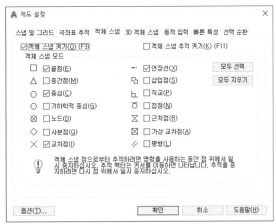

02_ 자주 사용하는 끝점, 중간점, 중심, 기하학적 중심, 노드, 사분점, 교차점, 연장선을 추가로 체크하고 [확인] 버튼을 클릭합니다.

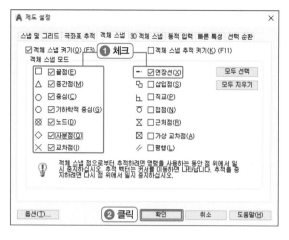

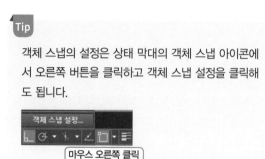

Tip

객체 스냅의 설정은 상태 막대의 객체 스냅 아이콘에서 오른쪽 버튼을 클릭하고 객체 스냅 설정을 클릭해도 됩니다.

03_ 객체 스냅의 표식과 위치

① **끝점(E)** : 선분이나 호의 끝점, 도형의 꼭짓점을 지정

② **중간점(M)** : 선분이나 호의 가운데를 지정

③ **중심점(C)** : 원의 중앙이나 호의 중앙을 지정

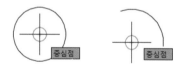

④ **기하학적 중심(G)** : 닫힌 폴리선 및 스플라인의 무게 중심을 지정(2016 버전부터 지원).

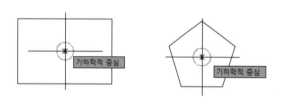

⑤ **노드(D)** : Point 명령으로 표시된 위치나 Divide 명령으로 분할된 위치를 지정

⑥ 사분점(Q) : 원의 사분점을 지정

⑦ 교차점(I) : 선분의 교차점을 지정

⑧ 연장선(X) : 선택한 객체의 연장선을 지정

⑨ 삽입점(S) : 문자나 블록의 삽입점을 지정

⑩ 직교(P) : 수직으로 만나는 위치를 지정

⑪ 접점(N) : 원이나 호 등 곡선의 접점을 지정

⑫ 근처점(R) : 객체 선상의 임의의 점을 지정

 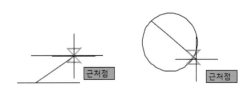

⑬ 가상 교차점(A) : 가상의 연장선이 교차하는 점을 지정하는 것으로, 연장선 부분 클릭 후 교차점 부근으로 이동하면 교차점 표식이 나타납니다.

⑭ 평행(L) : 다른 선분과의 평행선상을 지정

04_ 객체 스냅의 사용

설정한 객체 스냅을 작업에 사용하기 위해서는 ON/OFF상태를 확인해야 합니다. 상태 막대의 객체 스냅 아이콘을 클릭하거나 F3을 눌러 ON(푸른색)으로 활성화 합니다. Line명령과 객체 스냅을 사용해 우측의 도형과 같이 완성해 보겠습니다.

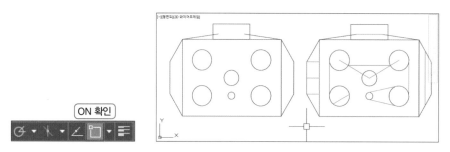

05_ 끝점(endpoint)

단축키 "L"을 입력한 후 Enter를 눌러 실행하고, 커서를 ❶지점으로 이동해 끝점(田) 표식에서 클릭하면 정확하게 선의 끝 부분을 지정할 수 있습니다. 다시 ❷지점의 끝점(田)을 클릭하고 Enter를 눌러 작업을 종료합니다.

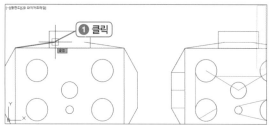
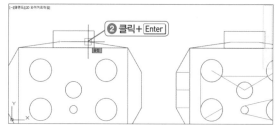

06_ 중간점(midpoint)

Enter를 눌러 Line 명령을 반복 실행하고 ❶지점의 중간점(△) 클릭 후 ❷지점에서 클릭하고 Enter를 누릅니다. 다시 Enter만 눌러 명령을 반복 실행하고 ❹지점의 중간점(△) 클릭 후 ❺지점을 클릭하고 Enter를 누릅니다.

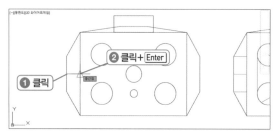
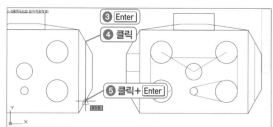

07_ 중심점(center)

Enter⏎를 눌러 Line 명령을 반복 실행하고 ❶지점의 중심(✛)을 클릭합니다. 계속해서 ❷지점과 ❸지점의 중심(✛)을 클릭하고 Enter⏎를 눌러 명령을 종료합니다.

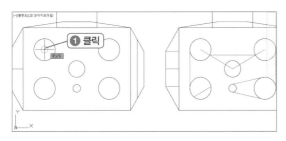 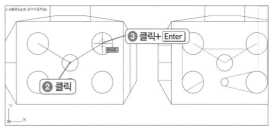

Tip ❷지점과 ❸지점 클릭 시 F8 (직교모드)의 ON/OFF에 따라 화면 표시가 다를 수 있으나 작업의 결과는 같습니다.

08_ 사분점(quadrant)

다시 Enter⏎를 눌러 Line 명령을 반복 실행합니다. ❶지점에서 사분점(◇)을 클릭하고 ❷지점을 클릭합니다. Enter⏎를 눌러 명령을 종료하고 반대편 선분 ❸을 같은 방법으로 작성합니다.

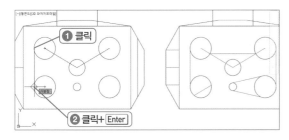 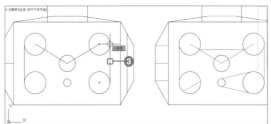

09_ 교차점(intersection)

Enter⏎를 눌러 Line 명령을 반복 실행합니다. ❶지점의 교차점(✳) 클릭 후 ❷지점에서 클릭하고 Enter⏎를 누릅니다.

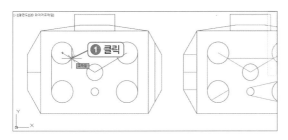 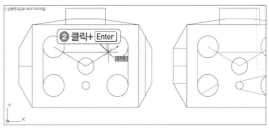

10_ 직교(perpendicular)

다시 Enter↵ 를 눌러 Line 명령을 반복 실행합니다. ❶지점의 끝점(⊞)을 클릭하고 직교를 지정하기 위해 Shift 를 누른 상태로 마우스 오른쪽 버튼을 클릭합니다. 객체 스냅 목록에서 직교를 클릭합니다.

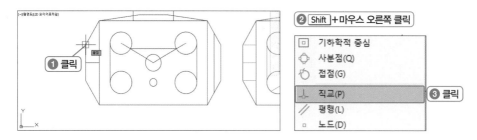

11_ ❶지점의 직교(⋇)를 클릭합니다. Enter↵ 를 눌러 명령을 종료하고 반대편 선분 ❷를 같은 방법으로 작성합니다.

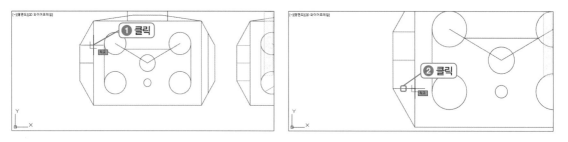

> **Tip**
> 직교, 접점, 근처점은 객체 스냅(Osnap)을 설정하지 않아 Shift + 마우스 오른쪽 버튼을 눌러 선택적으로 사용합니다. 모든 객체 스냅을 설정해도 되지만 자주 사용되는 위치 추적에 방해가 될 수 있으므로 자주 사용하지 않는 일부 기능은 선택적으로 사용하는 것이 좋습니다.

12_ 접점(tangent)

Enter↵ 를 눌러 Line 명령을 반복 실행합니다. 접점을 지정하기 위해 Shift 를 누른 상태로 마우스 오른쪽 버튼을 클릭하고 접점을 클릭합니다. ❷지점에서 접점(⋇)을 클릭합니다.

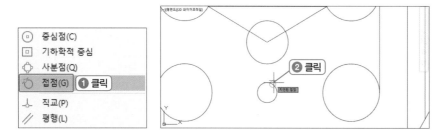

13_ 다시 접점을 지정하기 위해 Shift 를 누른 상태로 마우스 오른쪽 버튼을 클릭하고 접점을 클릭합니다. ❷지점에서 접점(⊕)을 클릭하고 Enter┘ 를 누릅니다.

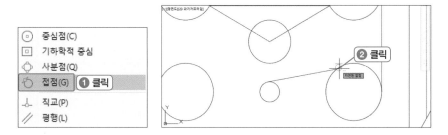

14_ 근처점(nearest)

Enter┘ 를 눌러 Line 명령을 반복 실행합니다. 근처점을 지정하기 위해 Shift 를 누른 상태로 마우스 오른쪽 버튼을 클릭하고 근처점을 클릭합니다. ❷지점에서 근처점(✕)을 클릭합니다.

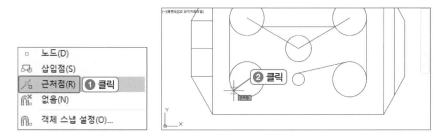

15_ 다시 근처점을 지정하기 위해 Shift 를 누른 상태로 마우스 오른쪽 버튼을 클릭하고 근처점을 클릭합니다. ❷지점에서 근처점(✕)을 클릭하고 Enter┘ 를 누릅니다.

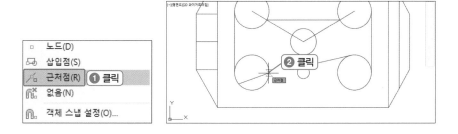

> **Tip**
> 근처점은 커서 위치에 따라 변경되므로 위 그림과 같은 위치가 아니더라도 무방합니다.

01_ 반지름을 입력해 원 그리기

[P02/Ch02/Circle.dwg] 실습파일을 불러옵니다. Circle(C) 명령 단축키 "C"를 입력하고 Enter↵ 를 누른 다음 ❷지점을 클릭합니다. 반지름 값 "25"를 입력하고 Enter↵ 를 누르면 원이 작성됩니다.

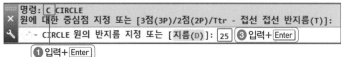

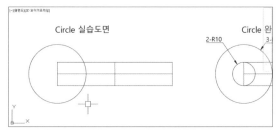

02_ 지름을 입력해 원 그리기

다시 Enter↵ 만 눌러 Circle 명령을 실행하고 ❶지점을 클릭합니다. 지름 옵션 "D"를 입력하고 Enter↵ 를 누릅니다. 지름 값 "29.5"를 입력한 후 Enter↵ 를 누릅니다.

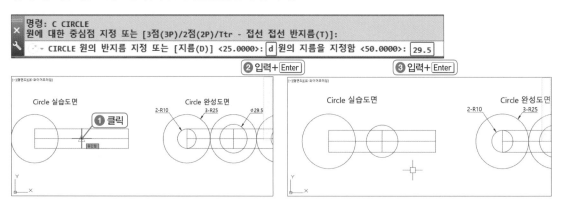

03_ 통과점으로 원 그리기

다시 Enter↵ 만 눌러 Circle 명령을 실행합니다. 원의 중심인 ❶지점을 클릭하고 이어서 통과점인 ❷지점을 클릭합니다.

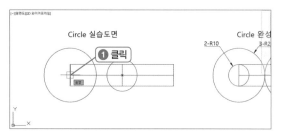

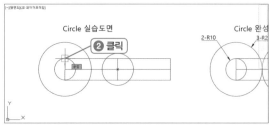

04_ 저장된 값으로 원 그리기

다시 Enter↵만 눌러 Circle 명령을 실행합니다. 원의 중심인 ❶지점을 클릭하고 Enter↵를 누르면 앞서 작성한 크기로 원이 작성됩니다.

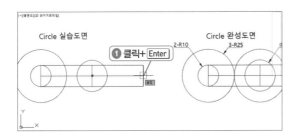
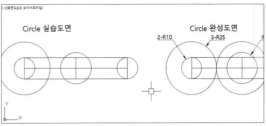

> **Tip**
>
> 명령행의 〈 〉값은 사용자가 마지막에 사용한 값으로 동일한 값을 사용하려면 Enter↵만 누르면 됩니다. 동일한 크기의 원을 반복적으로 작성할 때 유용하게 사용됩니다.

05_ 원 ❶을 반지름 25로 작성하고 원 ❷를 저장된 값으로 작성해 봅니다.

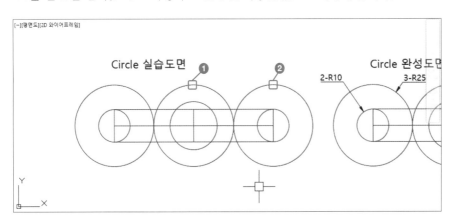

06_ 2점, 3점, TTR로 원 그리기

Circle(C) 명령의 단축키 "C"를 입력하고 Enter↵를 누릅니다. 옵션 "2P"를 입력하고 Enter↵를 누릅니다. 원이 통과하는 ❸지점과 ❹지점을 클릭합니다. (3P 옵션은 3개의 통과점을 클릭하면 됩니다.)

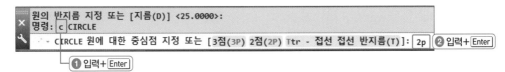

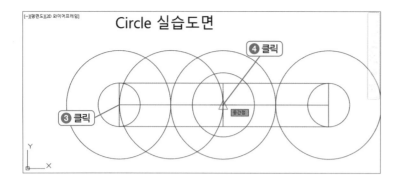

07_ 다시 Enter↵만 눌러 Circle 명령을 실행합니다. 옵션 "T"를 입력하고 Enter↵를 누릅니다. 원이 통과하는 접점 ❷지점과 ❸지점을 클릭하고 반지름 "30"을 입력 후 Enter↵를 누릅니다. (TTR 옵션은 기계, 제품 관련 직종에서 많이 사용됩니다.)

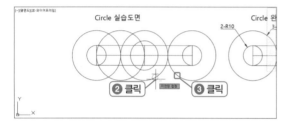

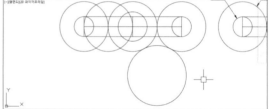

STEP 3 · Arc(A) - 호 그리기

01_ 통과점(3P)으로 호 그리기

[P02/Ch02/Arc.dwg] 실습파일을 불러옵니다. Arc(A) 명령 단축키 "A"를 입력하고 Enter↵를 누른 다음 통과점 ❶, ❷, ❸지점을 클릭합니다.

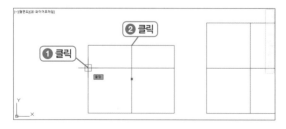

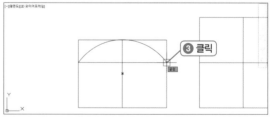

02_ 시작점, 끝점, 반지름으로 호 그리기

[홈] 탭의 [그리기] 패널에서 [호]의 확장을 클릭하고, [시작점, 끝점, 반지름]을
클릭합니다.

03_ 호의 시작점 ❶지점을 클릭하고 끝점 ❷지점을 클릭합니다. 반지름 값 "50"을 입력한 후 [Enter↵]를 누릅니다.

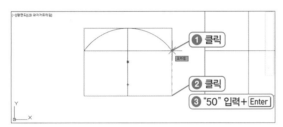
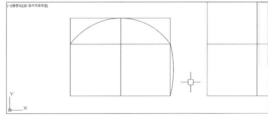

Tip
시작점, 끝점, 반지름 옵션은 시작점을 기준으로 반시계 방향으로 작성됩니다.

04_ 다양한 호 작성 방법

호를 작성하는 방법은 앞서 학습한 3점(통과점), 시작점, 끝점, 반지름을 포함하여 총 11가지 방법이 있습니다. 옵션에 표시된 순서대로 위치와 값을 입력하면 조건에 맞는 호가 작성됩니다.

05_ 남은 도형을 이용해 다음과 같이 호를 작성해 봅니다.

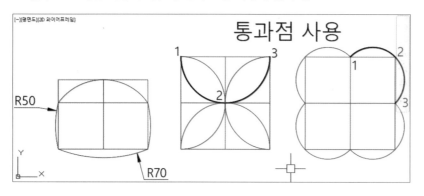

STEP 4 · Ellipse(EL) – 타원

01_ [P02/Ch02/Ellipse.dwg] 파일을 선택해 불러옵니다. 작성된 도형 내부에 타원을 그려보겠습니다.

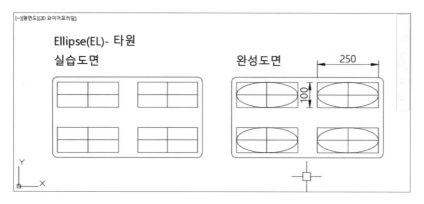

02_ 축의 끝점으로 그리기

타원(Ellipse) 명령 단축키 "EL"을 입력하고 Enter⏎를 누른 다음 축의 끝점 ❷, ❸, ❹지점을 클릭합니다.

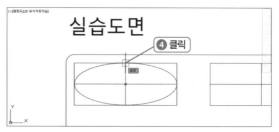

다시 Enter↵만 눌러 Ellipse 명령을 실행합니다. 축의 끝점 ❶, ❷, ❸지점을 클릭합니다. (짧은 축이나 긴축 어떤 축을 먼저 클릭해도 결과는 같습니다.)

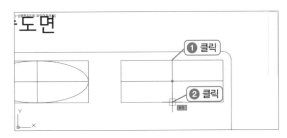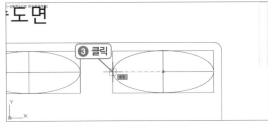

03_ 중심점을 기준으로 그리기

다시 Enter↵만 눌러 Ellipse 명령을 실행합니다. 옵션 "C"를 입력하고 Enter↵를 누릅니다. 타원의 중심 ❸ 지점을 클릭하고 ❹, ❺지점을 클릭합니다. (❹, ❺지점의 클릭 순서는 바뀌어도 됩니다.)

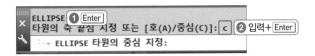

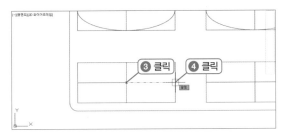

01 다음 도면을 Line(L), Circle(C), Osnap을 사용해 작성하시오.

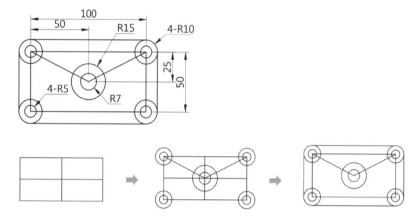

Tip 4-R10의 4는 수량, R10은 반지름 10을 뜻합니다.

02 다음 도면을 Line(L), Circle(C), Osnap을 사용해 작성하시오.

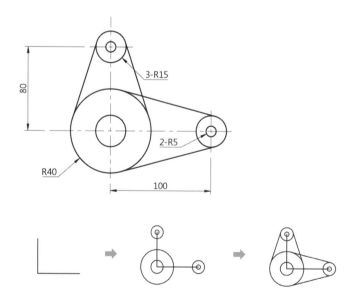

03 다음과 같이 작성된 도면에서 표시된 객체와 사용된 객체 스냅을 올바르게 연결하시오.

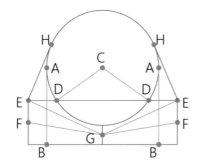

① A–B •　　　　　　　 • Ⓐ 중심점–교차점

② C–D •　　　　　　　 • Ⓑ 끝점–중간점

③ E–G •　　　　　　　 • Ⓒ 중간점–중간점

④ F–G •　　　　　　　 • Ⓓ 사분점–직교

⑤ H–E •　　　　　　　 • Ⓔ 접점–끝점

04 다음 중 원을 그리는 방법으로 옳지 않은 것은?

① 중심점 → 반지름　　　　　② 중심점 → 지름

③ 중심점 → 통과점　　　　　④ 접점 → 접점 →반지름

⑤ 중심점 → 원주

05 호를 그리는 데 필요한 조건으로 옳지 않은 것은?

① 시작점　　　　　　　　② 끝점

③ 반지름　　　　　　　　④ 지름

⑤ 각도

정답 　**03.** ①–Ⓓ, ②–Ⓐ, ③–Ⓑ, ④–Ⓒ, ⑤–Ⓔ　　**04.** ⑤　　**05.** ④

CHAPTER

3 간격 띄우기와 자르기

Offset 명령은 기준이 되는 선이나 작성할 도면의 형태를 표시하고 Trim 명령은 선을 잘라내 다 듬어내는 기능으로 가장 많이 사용하는 편집 명령입니다.

STEP 1 · Offset(O) – 간격 띄우기

01_ [P02/Ch03/Offset.dwg] 실습파일을 불러옵니다. Offset명령을 사용해 우측의 도형을 작성해 보겠습니다.

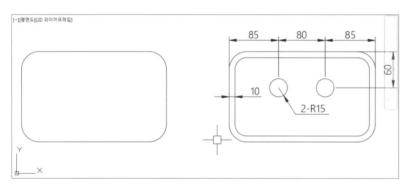

02_ 복사 간격이 같은 경우

Offset(O) 명령 단축키 "O"를 입력하고 Enter↵를 누른 다음 거리 값 "10"을 입력하고 Enter↵를 누릅니다. 선분 ❸을 클릭하고 복사방향 ❹지점을 클릭하면 선분이 복사됩니다.

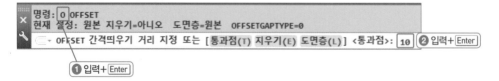

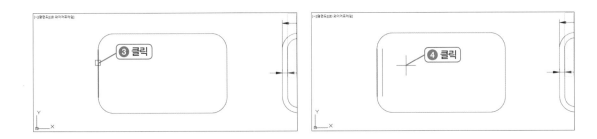

03_ 반복 작업이 가능하므로 계속해서 선분❶을 클릭하고 복사 방향인 ❷지점을 클릭합니다. 동일한 방법으로 다음과 같이 Offset으로 복사하고 작업이 끝나면 Enter↵를 눌러 종료합니다.

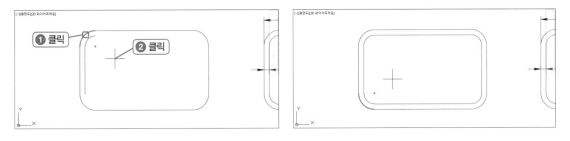

04_ 복사 간격이 다른 경우

다시 Enter↵만 눌러 Offset 명령을 실행하고 거리 값 "85"를 입력한 후 Enter↵를 누릅니다. 선분 ❶을 클릭하고 복사방향 ❷지점을 클릭, 선분 ❸을 클릭하고 복사방향 ❹지점을 클릭합니다.

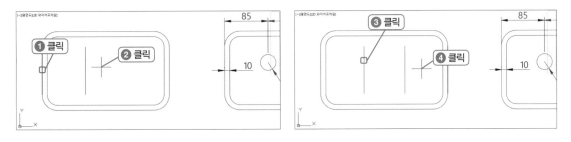

05_ 작업은 계속 가능하지만 거리 값을 변경하기 위해 Enter↵를 눌러 명령을 종료하고 다시 Enter↵만 눌러 명령을 반복 실행합니다. 거리 값 "60"을 입력하고 Enter↵를 누릅니다. 선분❶을 클릭하고 복사방향 ❷지점을 클릭한 후 Enter↵를 눌러 종료합니다.

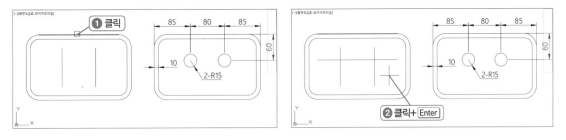

06_ Circle(C) 명령 단축키 "C"를 입력하고 Enter↵를 누른 다음 ❶지점을 클릭합니다. 반지름 값 "15"를 입력하고 Enter↵를 누르면 원이 작성됩니다. 우측의 나머지 원을 작성하고 작업을 종료합니다.

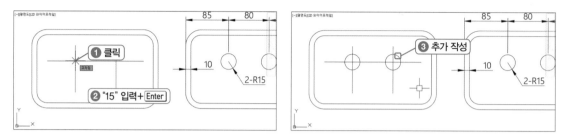

Tip

Offset, Circle 명령 등에서 입력하는 값은 분수 입력도 가능합니다.

예 · "2690/3"을 입력하면 896.666666...으로 간격 띄우기가 됩니다.

> 명령: O OFFSET
> 현재 설정: 원본 지우기=아니오   도면층=원본   OFFSETGAPTYPE=0
> OFFSET 간격띄우기 거리 지정 또는 [통과점(T) 지우기(E) 도면층(L)] <통과점>: 2690/3

· "75/2"를 입력하면 반지름 37.5로 원이 작성됩니다.

> 명령: C CIRCLE
> 원에 대한 중심점 지정 또는 [3점(3P)/2점(2P)/Ttr - 접선 접선 반지름(T)]:
> CIRCLE 원의 반지름 지정 또는 [지름(D)]: 75/2

STEP 2 · Trim(TR) – 자르기

01_ [P02/Ch03/Trim.dwg] 실습파일을 불러옵니다. trim명령을 사용해 우측 도면과 같이 완성해 보겠습니다.

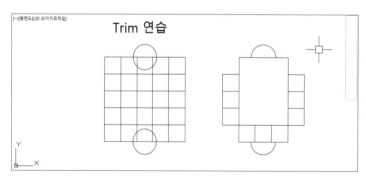

02_ 기준선 없이 [모두 선택]으로 자르기

Trim(TR) 명령 단축키 "TR"을 입력하고 Enter↵를 누른 다음 〈모두 선택〉을 적용하기 위해 다시 Enter↵를 누릅니다. 선분 ❶과 ❷를 차례로 클릭합니다.

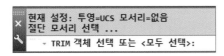

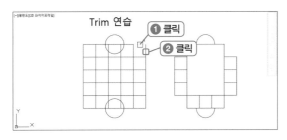
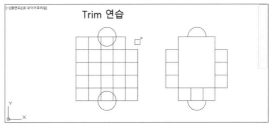

03_ 계속 자르기가 가능합니다. 걸침 선택으로 자르기 위해 ❶지점에서 클릭하고 ❷지점을 클릭하면 녹색 영역을 지나는 선은 모두 선택되어 잘라집니다. 나머지 모서리도 연속해서 잘라냅니다.

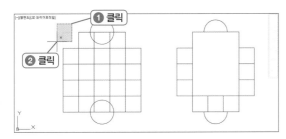
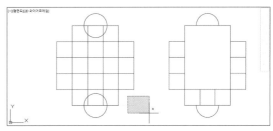

> **Tip**
> Trim에서 걸침 선택의 방향은 우측에서 좌측으로, 좌측에서 우측으로 모두 걸침 선택으로 선택됩니다.

04_ 기준선을 지정하고 자르기

Trim(TR) 명령 단축키 "TR"을 입력한 후 Enter↵를 누른 다음, 기준선 ❶과 ❷를 클릭하고 Enter↵를 누릅니다. 잘라낼 부분인 ❸, ❹를 클릭하고 Enter↵를 눌러 종료합니다.

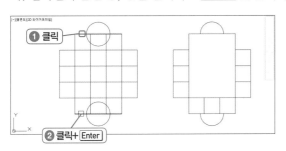
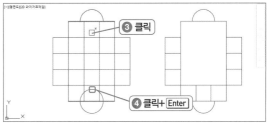

05_ 다시 Enter↵만 눌러 Trim 명령을 실행한 후 기준선 ❶을 클릭하고 Enter↵를 누릅니다. 잘라낼 부분인
❷, ❸지점을 클릭하고 Enter↵를 눌러 종료합니다.

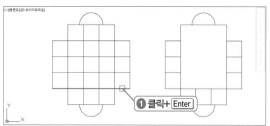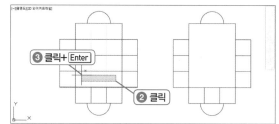

06_ 계속해서 Enter↵만 눌러 Trim 명령을 실행하고 〈모두 선택〉을 적용하기 위해 다시 Enter↵를 누릅니
다. ❶지점을 클릭하고 ❷지점을 클릭해 걸침 선택으로 잘라내고 Enter↵를 눌러 종료합니다.

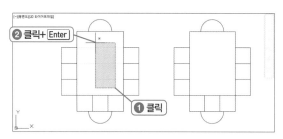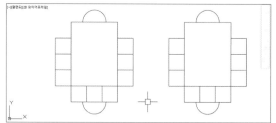

실력 점검 문제

01 다음 도면을 작성하시오.

> 사용 명령어: Line(L), Circle(C), Offset(O), Trim(TR)

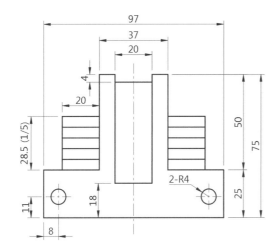

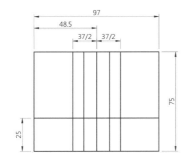

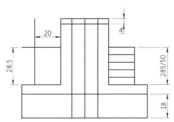

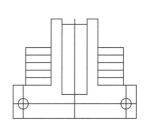

Tip 값을 분수로 입력할 경우

'76'을 '2'로 나누는 '76/2'로 입력할 수 있지만 소수점 '76.6'은 '76.6/2'로 입력되지 않습니다. 이렇게 소수점이 있는 값을 분수로 입력할 경우에는 소수점 자릿수만큼 '0'을 붙여 '766/20'으로 입력해야 합니다.

02 좌측 도면을 Trim명령으로 우측 도면과 같이 자르기 할 경우 기준이 되는 선분으로 옳은 것은?

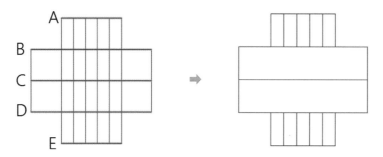

① A,B,C,D,E

② A,B,D,E

③ B,C,D

④ B,D

⑤ B

03 좌측 도면의 객체를 기준으로 우측 도면으로 편집할 경우 Offset 명령만으로 작성할 수 없는 객체는 무엇인가?

① A

② B

③ C

④ D

⑤ E

CHAPTER 4 · 선분 늘리기와 객체 정보의 조회

작업 중 선분의 길이가 짧아 늘려야 하는 경우가 있습니다. Extend 명령으로 선분을 연장해보고 작성한 객체의 길이 및 다양한 정보를 조회할 수 있는 Dist와 List명령을 학습하도록 하겠습니다.

STEP 1 · Extend(EX) – 연장

01_ [P02/Ch04/Extend.dwg] 실습파일을 불러옵니다. Extend 명령을 사용해 우측 도면과 같이 완성해 보겠습니다.

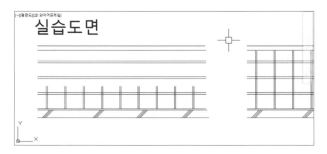

02_ 기준선 없이 [모두 선택]으로 연장하기

Extend(EX) 명령 단축키 "EX"를 입력하고 Enter↲를 누른 다음 〈모두 선택〉을 적용하기 위해 다시 Enter↲ 를 누릅니다. 선분 ❷와 ❸을 차례로 클릭합니다.

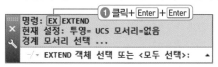

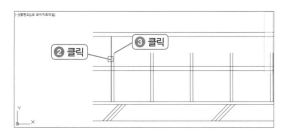

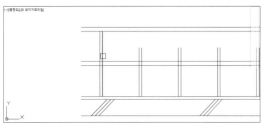

03_ 계속해서 늘리기가 가능합니다. 걸침 선택으로 늘리기 위해 ❶지점에서 클릭하고 ❷지점을 클릭하면 녹색 영역을 지나는 선은 모두 선택되어 연장됩니다. 그림과 같이 한 번 더 걸침 선택으로 늘려줍니다.

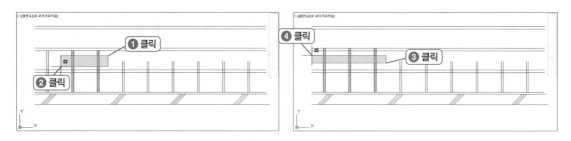

Tip

Exten에서 걸침 선택의 방향은 우측에서 좌측으로, 좌측에서 우측으로 모두 걸침 선택으로 선택됩니다.

04_ 기준선을 지정하고 늘리기

Extend(EX) 명령 단축키 "EX"를 입력한 후 [Enter↵]를 누른 다음, 기준선 ❶을 클릭하고 [Enter↵]를 누릅니다. 연장될 부분인 ❷, ❸을 클릭하고 [Enter↵]를 눌러 종료합니다.

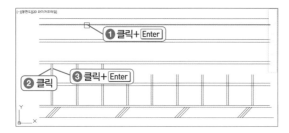
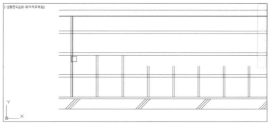

05_ 다시 [Enter↵]만 눌러 Extend 명령을 실행한 후 기준선 ❶을 클릭하고 [Enter↵]를 누릅니다. 늘릴 부분인 ❷, ❸지점을 클릭하고 [Enter↵]를 눌러 종료합니다.

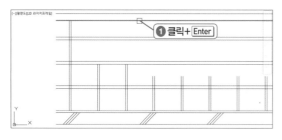
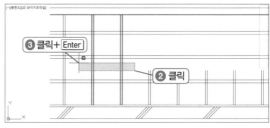

06_ 계속해서 Enter↵만 눌러 Extend 명령을 실행해 다음과 같이 완성해 봅니다.

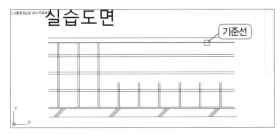
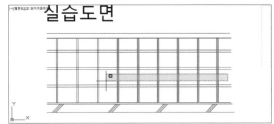

STEP 2 · Dist(DI) – 디스트(거리 및 각도 조회), List(LI) – 리스트(정보 조회)

01_ [P02/Ch03/Dist List.dwg] 실습파일을 불러옵니다. Dist와 List명령을 사용해 거리 및 다양한 정보를 확인해 보겠습니다.

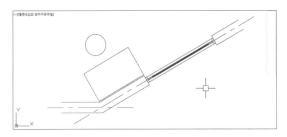

02_ 거리 및 각도 조회

Dist(DI) 명령 단축키 "DI"를 입력한 후 Enter↵를 눌러 명령을 실행합니다. 창문의 길이와 각도를 확인하기 위해 ❶을 클릭하고 ❷를 클릭합니다.

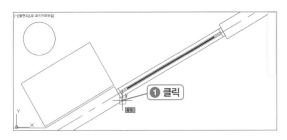
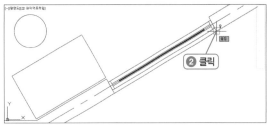

03_ 명령행에서 거리는 1,500mm, 각도는 30°인 것을 확인할 수 있습니다.

거리 = 1500.0000, XY 평면에서의 각도 = 30, XY 평면으로부터의 각도 = 0
X증분 = 1299.0381, Y증분 = 750.0000, Z증분 = 0.0000
>_ ▾ 명령 입력

클릭 포인트에 따른 증분 값의 이해

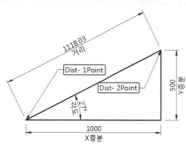

04_ 객체 정보의 조회

List(LI) 명령 단축키 "LI"를 입력한 후 Enter↲를 눌러 명령을 실행합니다. 테이블의 면적과 둘레를 확인하기 위해 ❶을 클릭하고 Enter↲를 누릅니다. 면적과 둘레를 확인하고 ❸부분을 클릭해 창을 닫습니다.

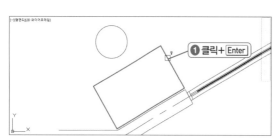

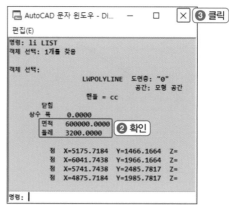

05_ 다시 Enter↲만 눌러 List 명령을 실행합니다. 의자 ❶을 클릭하고 Enter↲를 눌러 정보를 확인합니다.

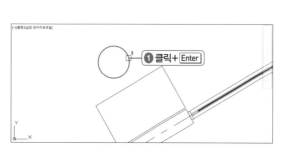

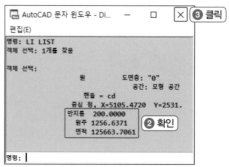

실력 점검 문제

01 다음 도면을 작성하시오.

사용 명령어: Line(L), Circle(C), Offset(O), Trim(TR), Extend(EX)

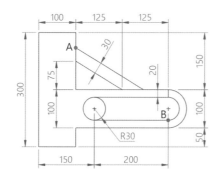

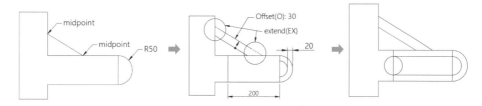

02 문제1에서 작성한 도면에서 A부터 B까지의 거리를 구하시오. (소수점 4자리까지 표기)

A부터 B지점까지의 거리 : _____

5 이동과 복사

Move는 원본을 이동시키고, Copy는 원본은 유지하고 다른 위치에 사본을 추가합니다. 대부분의 도면에서 동일한 요소를 배치하는 경우가 많아 사용빈도가 매우 높은 기본 명령입니다.

STEP 1 · Move(M) – 이동

01_ [P02/Ch05/Move Copy.dwg] 파일을 선택해 불러옵니다. 101호를 다음과 같이 확대합니다.

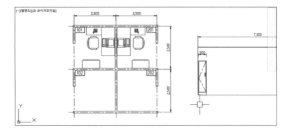

02_ 위치를 기준으로 이동

Move(M) 명령 단축키 "M"을 입력하고 Enter↵를 눌러 명령을 실행합니다. 이동할 객체인 책장 ❷를 클릭하고 Enter↵를 누릅니다. 이동의 기준점인 ❸지점을 클릭하고 목적지인 ❹지점을 클릭하면 책장이 이동됩니다.

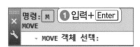

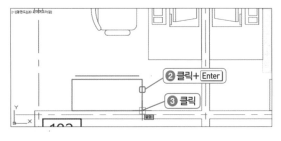

03_ 거리 값을 입력해 이동

다시 Enter만 눌러 Move 명령을 실행합니다. 이동할 객체인 의자 ❶을 클릭하고 Enter를 누릅니다. 이동 기준점인 ❷지점을 클릭한 후 이동 방향인 ❸지점으로 커서를 이동한 상태에서 거리 값 "150"을 입력하고 Enter를 누릅니다. (거리 값을 입력할 때 커서의 방향과 직교모드 F8가 ON으로 되어있음을 확인합니다.)

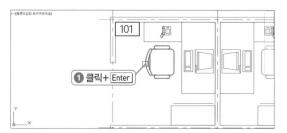
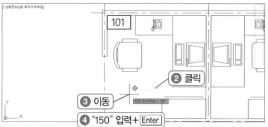

> **Tip**
> 거리 값을 입력할 경우 기준점은 어디든 중요치 않습니다. 클릭한 기준점으로부터 커서의 이동방향이 중요합니다.

04_ 상대좌표를 입력해 이동

다시 Enter만 눌러 Move 명령을 실행합니다. 이동할 객체인 의자 ❶을 클릭하고 Enter를 누릅니다. 이동의 기준점인 ❷지점을 클릭한 후 상대좌표 "@300,−150"을 입력하고 Enter를 누릅니다.

(우측 그림의 파선과 치수는 이해를 돕기 위해 표현된 것입니다.)

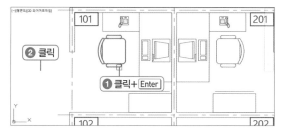
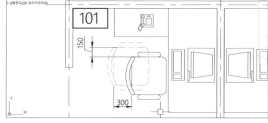

> **Tip**
> 상대좌표를 입력해 이동할 경우 기준점과 커서의 방향, 직교모드 여부는 관계가 없습니다.

05_ 다음 그림과 같이 101호의 가구를 102호로 이동해 봅니다.

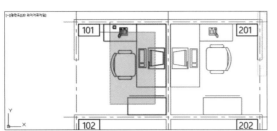 

01_ [P02/Ch05/Move Copy.dwg] 파일을 계속 사용합니다. 102호를 다음과 같이 확대합니다. Copy 명령의 사용은 이전 Move 명령의 사용과정과 동일합니다.

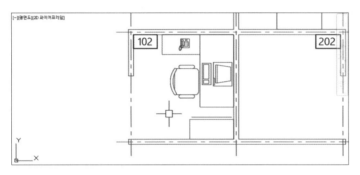

02_ 위치를 기준으로 복사

Copy(CO,CP) 명령 단축키 "CO"를 입력하고 Enter↵를 눌러 명령을 실행합니다. 복사할 객체인 책장 ❶을 클릭하고 Enter↵를 누릅니다. 복사의 기준점인 ❷지점을 클릭하고 목적지인 ❸지점을 클릭하면 책장이 복사됩니다.

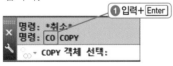

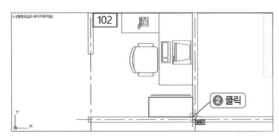 

03_ 거리 값을 입력해 복사

다시 Enter↵만 눌러 Copy 명령을 실행합니다. 복사할 객체인 컴퓨터 ❶을 클릭하고 Enter↵를 누릅니다. 복사의 기준점인 ❷지점을 클릭한 후 복사 방향인 ❸지점으로 커서를 이동한 상태에서 거리 값 "600"을 입력하고 Enter↵를 누릅니다. (거리 값을 입력할 때 커서의 방향과 직교모드 F8가 ON으로 되어있음을 확인합니다.)

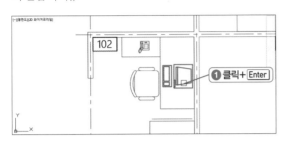 

> **Tip**
> 거리 값을 입력할 경우 기준점은 어디든 중요치 않으며, 클릭한 기준점으로부터 커서의 이동방향이 중요합니다.

04_ 상대좌표를 입력해 복사

다시 Enter↵만 눌러 Copy 명령을 실행합니다. 복사할 객체인 의자 ❶을 클릭하고 Enter↵를 누릅니다. 복사의 기준점인 ❷지점을 클릭한 후 상대좌표 "@-900,1600"을 입력하고 Enter↵를 누릅니다.
(우측 그림 치수는 이해를 돕기 위해 표현된 것입니다.)

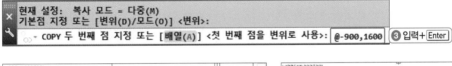

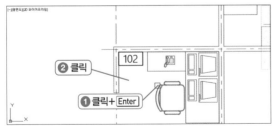 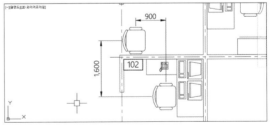

> **Tip**
> 상대좌표를 입력해 복사할 경우 기준점과 커서의 방향, 직교모드 여부는 관계가 없습니다.

05_ 다음 그림과 같이 201호의 가구를 202호로 복사해 봅니다.

06_ 배열 옵션을 사용한 복사

우측 도면을 화면 중앙에 보이도록 합니다. Copy(CO,CP) 명령 단축키 "CO"를 입력하고 Enter 를 눌러 명령을 실행합니다. 배열할 객체인 캐비닛 ❶을 클릭하고 Enter 를 누릅니다. 복사의 기준점 ❷지점을 클릭합니다.

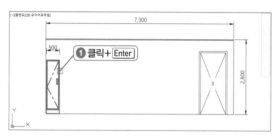 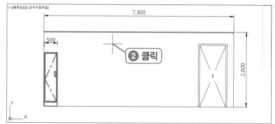

07_ 배열 옵션 "A"를 입력하고 Enter 를 누릅니다. 항목 수 "10"을 입력하고 Enter 를 누릅니다. 커서를 복사할 방향 ❸지점으로 이동한 상태에서 거리 값 "510"을 입력하고 Enter 를 누릅니다. 다시 Enter 를 눌러 작업을 종료합니다. (커서의 위치 ❸지점에서 직교모드 F8 가 ON으로 되어 있는지 확인합니다.)

Tip

배열 시 입력한 10은 원본을 포함한 수량입니다.

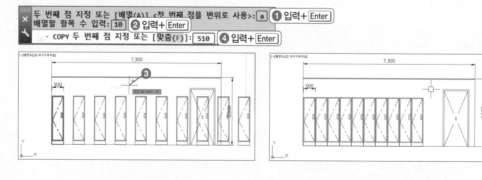

01 다음 도면을 작성하시오.

사용 명령어: Line(L), Circle(C), Offset(O), Trim(TR), Copy(CO,CP)

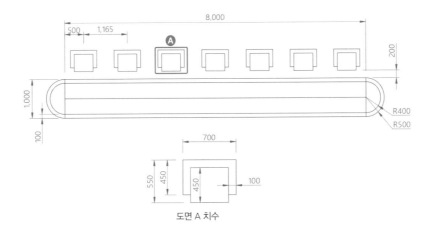

도면 A 치수

02 다음 도면을 작성 후 객체 A를 다음과 같이 이동했을 때 B와 C의 거리를 구하시오.

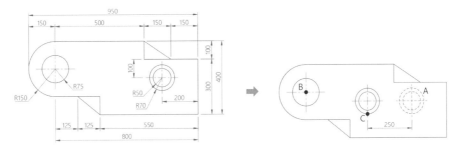

B부터 C지점까지의 거리 : _____

6 폴리선의 활용과 도면의 크기

Pline(Polyline) 명령을 사용하면 선을 붙여서 그리거나 두께 등을 적용할 수 있습니다. 다기능 선인 Pline의 활용과 도면의 크기에 대해 학습하겠습니다.

STEP 1 · Pline(PL) – 폴리선, Pedit(PE) – 폴리선 편집, Join(J) – 결합

01_ [P02/Ch06/Polyline.dwg] 파일을 선택해 불러옵니다. 좌측 도면양식 안에 우측과 같은 선을 Polyline으로 그려보겠습니다.

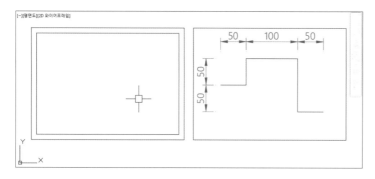

02_ 폴리선(Pline) 그리기

Pline(PL) 명령 단축키 "PL"을 입력하고 Enter↵를 눌러 명령을 실행합니다. 시작점인 ❷지점을 클릭하고 F8을 눌러 직교모드를 [ON]으로 설정합니다. 커서를 ❸지점으로 이동한 후 "50"을 입력하고 Enter↵를 누릅니다. (폴리선의 일반적인 사용은 선 그리기 Line(L)과 동일합니다.)

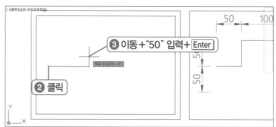

03_ 커서를 위쪽 **❶**지점으로 이동한 후, 거리 값 "50"을 입력하고 Enter↵ 를 누릅니다. 다시 커서를 **❷**지점으로 이동한 후 거리 값 "100"을 입력하고 Enter↵ 를 누릅니다.

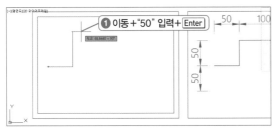
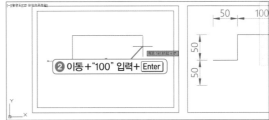

04_ 계속해서 커서를 위쪽 **❶**지점으로 이동한 후, 거리 값 "100"을 입력하고 Enter↵ 를 누릅니다. 다시 커서를 **❸**지점으로 이동한 후 거리 값 "50"을 입력하고 Enter↵ 를 누릅니다. Enter↵ 를 한 번 더 눌러 작업을 종료합니다.

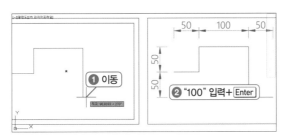
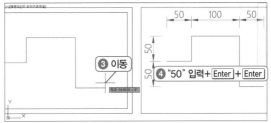

05_ 폴리선(Pline)과 선(Line)의 차이점

폴리선으로 그린 좌측 선을 Offset(O)하기 위해 단축키 "O"를 입력하고 Enter↵ 를 누릅니다. 거리 값 "10"을 입력하고 Enter↵ 를 누릅니다. 선분 **❸**을 클릭하고 복사방향 **❹**지점을 클릭하면 선분이 복사됩니다.

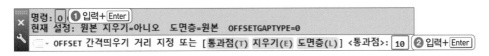

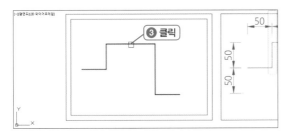
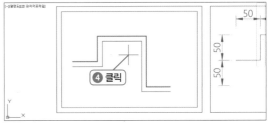

Tip
폴리선(Pline)은 객체가 하나로 되어 있어 offset을 사용할 경우 하나로 연결된 모든 선이 한 번에 작업됩니다.

06_ 우측 도면의 선을 Offset하여 차이점을 다시 한 번 확인합니다.

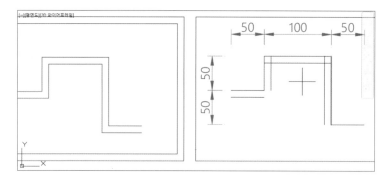

07_ 폴리선 편집(Pedit)

선의 가중치(두께)를 부여하기 위해 Pedit(PE)의 단축키 "PE"를 입력하고 Enter↵를 누릅니다. 선분 ❷를 클릭한 후 Enter↵, 폭 옵션 "W"를 입력하고 Enter↵를 누릅니다. 세그먼트(두께) "5"를 입력하고 Enter↵를 누릅니다. 다시 Enter↵를 눌러 작업을 종료합니다.

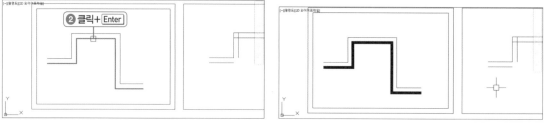

08_ 선(Line)으로 그린 사각형을 폴리선으로 변경해 하나의 선으로 만들고 가중치까지 부여하겠습니다. 결합(Join)의 단축키 "J"를 입력하고 Enter↵를 누릅니다. 선분 ❶, ❷, ❸, ❹를 클릭하고 Enter↵를 누릅니다.

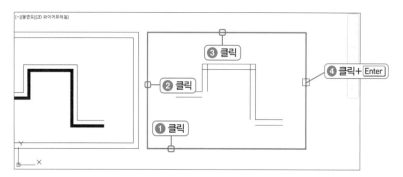

09_ 간격띄우기(Offset) 단축키 "O"를 입력하고 Enter↵를 누릅니다. 거리 값 "10"을 입력하고 Enter↵를 누릅니다. 선분 ❶을 클릭하고 복사방향 ❷지점을 클릭합니다. 다시 Enter↵를 눌러 작업을 종료합니다.

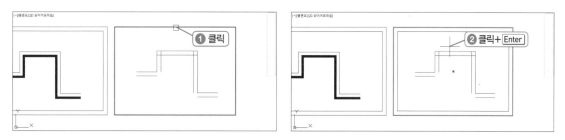

10_ 폴리선 편집(Pedit)의 단축키 "PE"를 입력하고 Enter↵를 누릅니다. 선분 ❶을 클릭하고 Enter↵, 폭 옵션 "W"를 입력하고 Enter↵를 누릅니다. 세그먼트(두께) "3"을 입력하고 Enter↵를 누릅니다. 다시 Enter↵를 눌러 작업을 종료합니다.

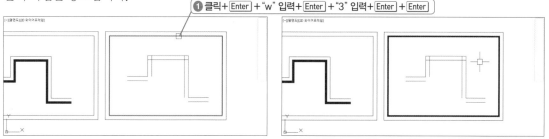

STEP 2 · Rectang(REC) – 사각형, Explode(X) – 분해

01_ 명령행에 "NEW"를 입력하고 Enter↵를 눌러 새 도면을 시작합니다. 미터법을 선택하고 [확인] 버튼을 클릭합니다.

02_ 사각형(Rectang) 명령의 단축키 "REC"를 입력하고 [Enter]를 누릅니다. 구석점 ❷지점을 클릭합니다. 사각형의 가로, 세로 "@200,100"을 입력하고 [Enter]를 누르면 사각형이 그려집니다.

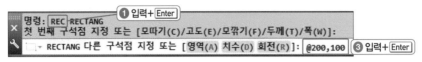

Tip

> 사각형(Rectang)은 Polyline의 한 종류로 폴리선 편집(Pedit)을 적용할 수 있습니다.

03_ 간격띄우기(Offset) 단축키 "O"를 입력하고 [Enter]를 누릅니다. 거리 값 "20"을 입력하고 [Enter]를 누릅니다. 선분 ❸을 클릭하고 복사방향 ❹지점을 클릭하면 선분이 복사됩니다. 다시 [Enter]를 눌러 작업을 종료합니다.

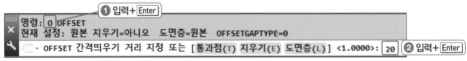

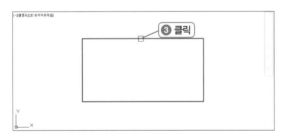
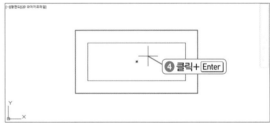

04_ 복사된 사각형을 분해(Explode)하여 편집하겠습니다. 분해(Explode) 단축키 "X"를 입력하고 [Enter]를 누릅니다. 선분 ❷를 클릭하고 [Enter]를 누르면 하나의 선으로 연결된 사각형이 각각의 선분 4개로 분해됩니다.

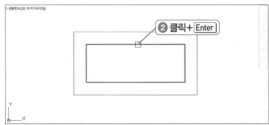

05_ 간격띄우기(Offset) 단축키 "O"를 입력하고 [Enter↵]를 누릅니다. 거리 값 "10"을 입력하고 [Enter↵]를 누릅니다. 선분 ❶을 클릭하고 복사방향 ❷지점을 클릭하면 선분이 복사됩니다. 다시 [Enter↵]를 눌러 작업을 종료합니다.

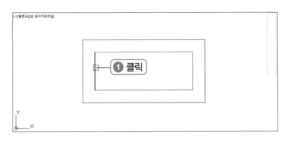
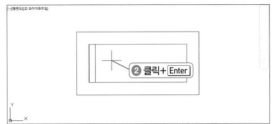

Tip
폴리선((Pline)과 사각형(Rectang) 등 Polyline은 분해(Explode)하여 일반 선(Line)으로 변경할 수 있습니다.

06_ 폴리선으로 그려진 사각형과 분해된 선을 대기상태의 십자 커서로 클릭해 그립의 모양과 단일객체 여부를 확인해 봅니다. 확인 후 [ESC]를 눌러 선택을 해제합니다.

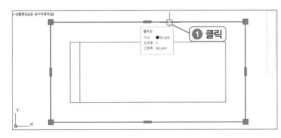
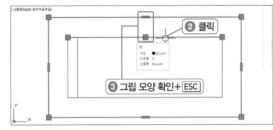

▲ 폴리선의 중간 그립 – 직사각형   ▲ 선의 중간 그립 – 정사각형

 Tip
선(Line)은 그린 여러 개의 객체는 결합(Join)으로 하나의 단일객체로 만들 수 있습니다.

STEP 3 · Zoom(Z) – 화면 배율 , Limits – 도면 한계

01_ [P02/Ch06/Zoom.dwg] 파일을 선택해 불러옵니다. 줌(Zoom)을 설정해 도면을 살펴 보겠습니다.

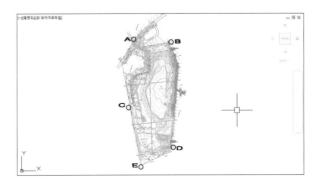

02_ 마우스 휠 사용

A영역에 표시된 LOT 값을 확인하기 위해 커서를 ❶지점으로 이동해 휠을 위쪽으로 돌려줍니다.

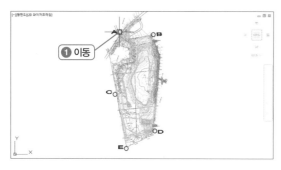 

03_ 줌(Zoom) 명령의 윈도우 활용

영역을 확인하기 위해 마우스 휠을 더블 클릭해 도면 전체를 보이게 합니다. 줌(Zoom)의 단축키"Z"를 입력하고 Enter↵를 누릅니다. 확대 범위를 지정하기 위해 ❶지점을 클릭하고 ❷지점을 클릭합니다.

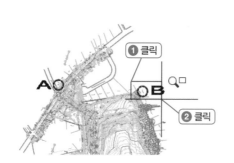 

04_ 마우스 휠을 위쪽으로 돌려 조금 더 확대해 LOT 값을 확인합니다. 줌(Zoom) 명령을 사용하면 영역을 지정해 확대할 수 있습니다.

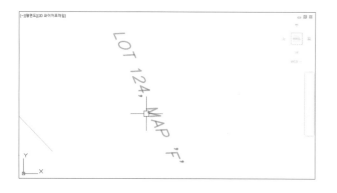 

05_ 나머지 영역 C, D, E의 LOT 값을 확인해 다음 표에 기입합니다.

A	B	C	D	E
1036	124			

6 실력 점검 문제

01 다음 도면을 작성하시오.

> 사용 명령어: Line(L), Circle(C), Offset(O), Rectang(REC), Explode(X)

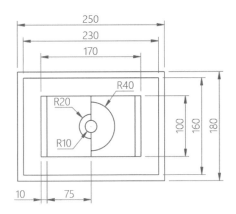

02 다음 도면을 작성 후 A와 B의 거리를 구하고, 선분 C의 가중치를 폭 7로 변경하시오.

> 사용 명령어: Line(L), Circle(C),Offset(O), Pline(PL), Dist(DI)

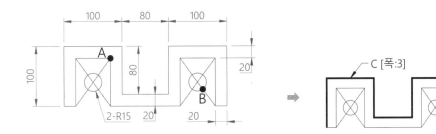

A부터 B지점까지의 거리 : _____

7 구성선의 활용과 명령취소

앞서 학습한 Chapter 01에서 각도 선을 그려야 할 경우 상대극좌표를 사용했습니다. 이번 Chapter에서는 구성선인 Xline 명령을 사용해 무한 선을 그리고, 각도 선을 좀 더 쉽게 그리는 방법을 학습하도록 하겠습니다.

STEP 1 · Xline(XL) – 구성선

01_ [P02/Ch07/Xline.dwg] 파일을 선택해 불러옵니다. 작성된 도면의 모서리 부분을 구성선(Xline)으로 편집하도록 하겠습니다.

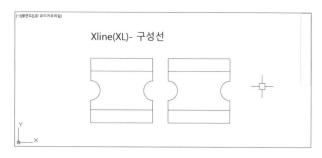

02_ 구성선(Xline)의 단축키 "XL"을 입력하고 [Enter]를 누릅니다. 각도 옵션 "A"를 입력하고 [Enter]를 누릅니다. 각도 값 "60"을 입력하고 [Enter]를 누릅니다.

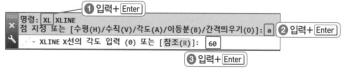

03_ 각도 선이 지나게 되는 ❶지점을 클릭하고 ❷지점을 클릭합니다. [Enter]를 눌러 작업을 종료합니다.

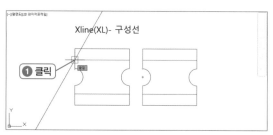
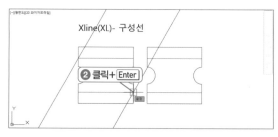

04_ 다시 [Enter↵]만 눌러 구성선(Xline) 명령을 실행합니다. 각도 옵션 "A"를 입력하고 [Enter↵]를 누릅니다. 각도 값 "−60"을 입력하고 [Enter↵]를 누릅니다.

```
명령: XLINE ❶ Enter
점 지정 또는 [수평(H)/수직(V)/각도(A)/이등분(B)/간격띄우기(O)]: a ❷ 입력+Enter
⌐ XLINE X선의 각도 입력 (0) 또는 [참조(R)]: -60 ❸ 입력+Enter
```

05_ 각도 선이 지나게 되는 ❶지점을 클릭하고 ❷지점을 클릭합니다. [Enter↵]를 눌러 작업을 종료합니다.

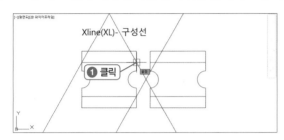 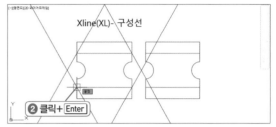

Tip

각도 입력의 기준

구성선 및 각도를 입력하는 명령에서는 항상 수평 0°를 기준으로 입력하며, 반시계방향(CCW)은 양수를 입력하고, 시계방향(CW)은 음수를 입력합니다.

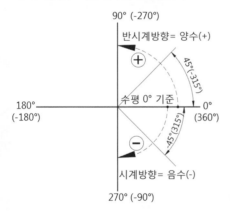

06_ 자르기(Trim) 명령의 단축키 "TR"을 입력하고 [Enter↵]를 누른 다음 기준선 ❶, ❷, ❸, ❹, ❺, ❻을 클릭하고 [Enter↵]를 누릅니다.

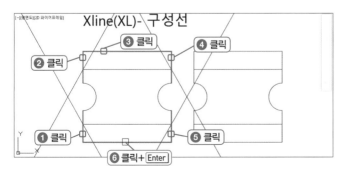

07_ 잘라낼 영역인 **❶**과 **❷**를 클릭, **❸**과 **❹**를 클릭, **❺**와 **❻**을 클릭, **❼**과 **❽**을 클릭하고 Enter↵ 를 눌러 종료합니다.

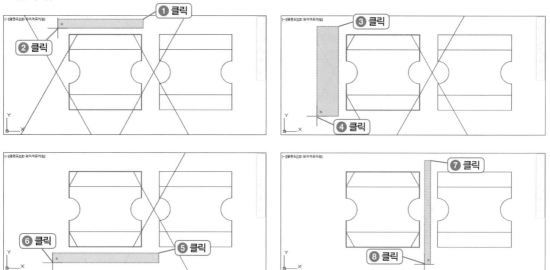

08_ 우측 도면에 동일한 방법으로 모서리에 각도가 45°인 선을 그려 넣고 편집합니다.

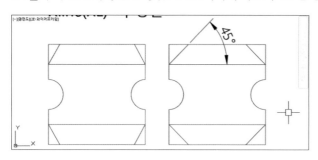

> **Tip**
>
> 구성선(Xline)의 옵션 중 수직(H)은 수직 무한선, 수평(H)은 수평 무한선을 그릴 수 있습니다.

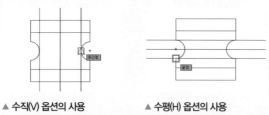

▲ 수직(V) 옵션의 사용   ▲ 수평(H) 옵션의 사용

01_ [P02/Ch07/Undo Redo.dwg] 파일을 선택해 불러옵니다.

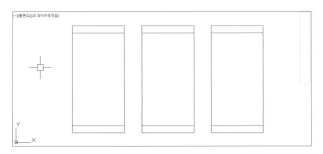

02_ 선 그리기(Line)의 단축키 "L"을 입력하고 [Enter↵]를 누릅니다. ❶, ❷, ❸지점을 차례로 클릭하고 [Enter↵]를 눌러 명령을 종료합니다.

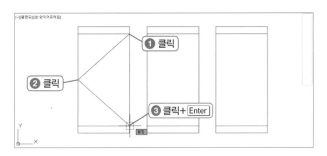

03_ 다시 [Enter↵]를 눌러 Line 명령을 반복 실행합니다. ❶, ❷, ❸, ❹, ❺지점을 차례로 클릭하고 [Enter↵]를 눌러 명령을 종료합니다.

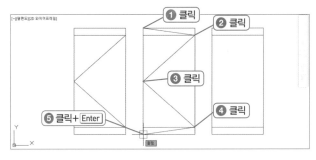

04_ 다시 [Enter↵]를 눌러 Line 명령을 반복 실행합니다. ❶, ❷지점을 차례로 클릭하고 [Enter↵]를 눌러 명령을 종료합니다. 지금까지 Line 명령을 총 3회 실행해 작업을 마쳤습니다.

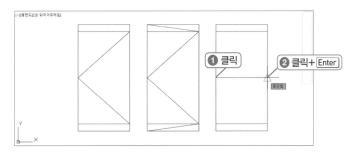

05_ 명령취소(Undo)

선 그리기 작업순서가 잘못되었다 가정하고 처음으로 돌아가 보겠습니다. 명령취소(Undo)의 단축키 "U"를 입력하고 [Enter↵]를 누릅니다. 마지막에 실행한 선 그리기가 취소됩니다.

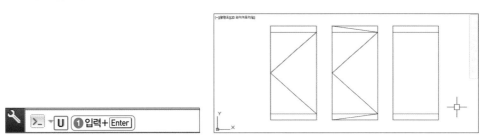

06_ [Enter↵]를 눌러 Undo 명령을 반복 실행합니다. 다시 한 번 [Enter↵]를 누르면 처음 상태로 돌아갑니다.

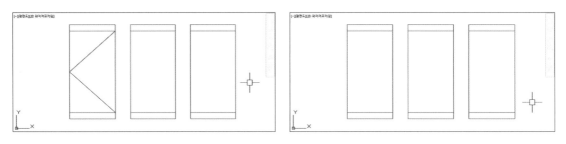

> **Tip**
> [Ctrl]+[Z]를 입력해도 명령취소(Undo)가 되지만, 명령취소(Undo)는 단축키 "U"를 입력해 한 번 실행한 후 [Enter↵]만 눌러 연속적으로 취소할 수 있습니다.

07_ 명령복구(Redo)

취소한 명령은 명령복구(Redo)로 복구할 수 있습니다. 신속접근 도구 막대의 명령복구(Redo) ➡ 아이콘을 클릭하면 명령이 복구됩니다. 두 번 더 클릭해 모든 명령을 복구합니다.

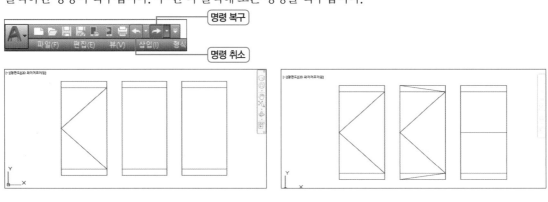

> **Tip**
> 명령복구는 명령취소(Undo)를 실행한 후 다른 작업이 실행된 후에는 적용되지 않습니다.

01 다음 도면을 작성하시오.

사용 명령어: Line(L), Circle(C), Offset(O), Xline(XL)

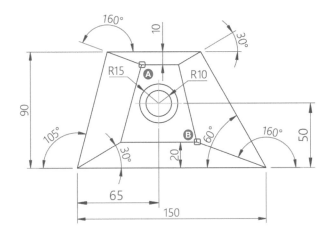

02 문제 01에서 작성한 도면의 A와 B지점의 거리를 구하시오. (소수점 4자리까지 표기)

A부터 B지점까지의 거리 : _____

MEMO

PART

03

응용 명령
사용하기

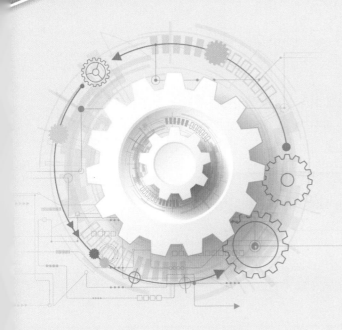

CHAPTER

1 모서리 편집 명령의 활용

Fillet은 모서리를 둥글게 깎아내고 Chamfer는 모서리를 사선으로 따내는 명령입니다.
특히 Filet의 경우 설정에 따라 모서리를 다양하게 편집할 수 있어 활용도가 높은 명령입니다.

STEP 1 · Fillet(F) – 모깎기

01_ [P03/Ch01/Fillet.dwg] 파일을 선택해 불러옵니다. 모깎기(Fillet) 명령의 단축키 "F"를 입력하고 Enter↵를 눌러 명령을 실행합니다.

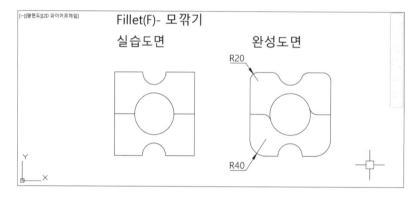

02_ 모깎기(Fillet)는 명령이 실행되면 명령행에서 현재 설정 상태를 확인해야 합니다. 현재 모드는 자르기(trim), 반지름(R)은 0으로 설정되어 있습니다. 반지름 옵션 "R"을 입력하고 Enter↵를 누릅니다. 반지름 값 "20"을 입력하고 Enter↵를 눌러 모깎기 값을 설정합니다.

```
명령: F FILLET
현재 설정: 모드 = 자르기, 반지름 = 0.0000   ❶ 확인
첫 번째 객체 선택 또는 [명령 취소(U)/폴리선(P)/반지름(R)/자르기(T)/다중(M)]: r   ❷ 입력+Enter
  FILLET 모깎기 반지름 지정 <0.0000>: 20   ❸ 입력+Enter
```

03_ 모깎기 할 모서리 ❶, ❷를 클릭하면 모서리가 편집되면서 작업이 종료됩니다.

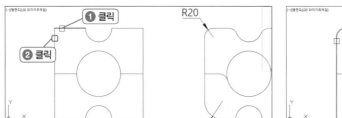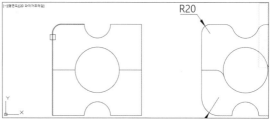

Tip
모서리 클릭 순서는 작업과 관계가 없습니다.

04_ 다시 Enter만 눌러 모깎기(Fillet) 명령을 실행합니다. 명령행을 보면 이전 작업에 사용된 반지름 값이 저장되어 있습니다. 모서리 ❸과 ❹를 클릭합니다. 같은 방법으로 ❻과 ❼, ❾와 ❿의 모서리를 둥글게 편집합니다.

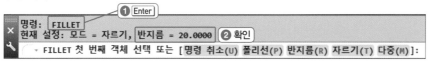

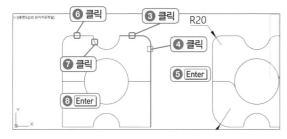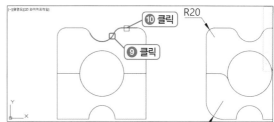

05_ Enter만 눌러 모깎기(Fillet) 명령을 실행합니다. 반지름 옵션 "R"을 입력하고 Enter를 누릅니다. 반지름 값 "40"을 입력하고 Enter를 눌러 모깎기 값을 설정합니다.

명령: **FILLET** ❶ Enter
현재 설정: 모드 = 자르기, 반지름 = 20.0000
첫 번째 객체 선택 또는 [명령 취소(U)/폴리선(P)/반지름(R)/자르기(T)/다중(M)]: r ❷ 입력+ Enter
⚒ - FILLET 모깎기 반지름 지정 <20.0000>: 40 ❸ 입력+ Enter

Tip
반지름 설정이 변경될 때마다 옵션 "R"을 입력해야 합니다.

06_ 모깎기 할 모서리 **❶**, **❷**를 클릭하면 모서리가 편집되면서 작업이 종료됩니다. 나머지 부분도 모깎기 (Fillet)로 모서리를 둥글게 편집합니다.

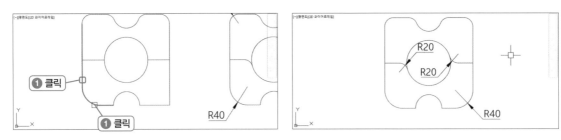

Tip
모깎기(Fillet) 모드는 자르기(trim)와 자르지 않기(no trim) 두 가지로 기본 설정은 자르기입니다. 자르지 않기로 설정하면 반대편 선이 잘라지지 않고 유지됩니다.

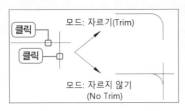

STEP 2 · Fillet을 응용한 편집

01_ [P03/Ch01/Fillet2.dwg] 파일을 선택해 불러옵니다. 모깎기(Fillet) 명령의 단축키 "F"를 입력하고 Enter↵를 눌러 명령을 실행합니다.

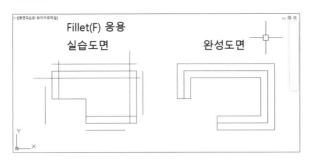

02_ 현재 모드는 자르기(trim), 반지름(R)은 40으로 설정되어 있습니다. 반지름 옵션 "R"을 입력하고 Enter↵를 누릅니다. 반지름 값 "0"을 입력하고 Enter↵를 눌러 모깎기 값을 설정합니다.

```
명령: F FILLET
현재 설정: 모드 = 자르기, 반지름 = 40.0000
첫 번째 객체 선택 또는 [명령 취소(U)/폴리선(P)/반지름(R)/자르기(T)/다중(M)]: r  ❶ 입력+Enter
- FILLET 모깎기 반지름 지정 <40.0000>: 0  ❷ 입력+Enter
```

03_ 모깎기 할 모서리 ❶, ❷를 클릭합니다. 반지름 값이 0으로 설정되면 선택한 선택이 맞닿게 됩니다.

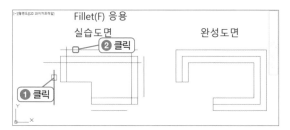 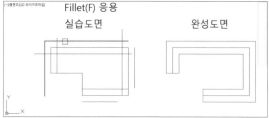

04_ 다시 Enter↵만 눌러 모깎기(Fillet) 명령을 실행합니다. 모서리 ❶과 ❷를 클릭합니다. Enter↵를 누르고 ❸과 ❹를 클릭합니다. 같은 방법으로 나머지 모서리를 우측 완성도면과 같이 편집합니다.

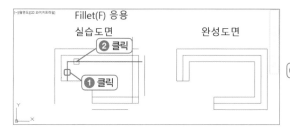 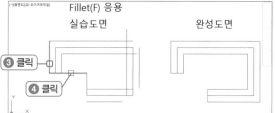

STEP 3 · Chamfer(CHA) – 모따기

01_ [P03/Ch01/Chamfer.dwg] 파일을 선택해 불러옵니다. 모따기(Chamfer) 명령의 단축키 "CHA"를 입력하고 Enter↵를 눌러 명령을 실행합니다. 모따기(Chamfer)의 사용방법과 과정은 모깎기(Fillet)와 동일합니다.

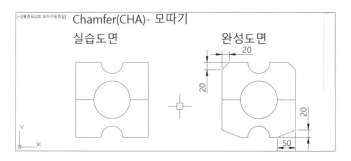

02_ 모따기(Chamfer)의 현재 모드는 자르기(trim), 거리1과 거리2는 0으로 설정되어 있습니다. 거리 옵션 "D"를 입력하고 Enter↵를 누릅니다. 첫 번째 거리 "20"을 입력하고 Enter↵, 이어서 두 번째 거리도 "20"을 입력한 다음 Enter↵를 눌러 모따기 값을 설정합니다.

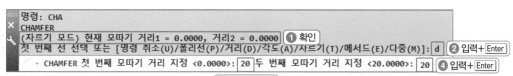

03_ 모따기(Chamfer) 할 모서리 ❶, ❷를 클릭하면 모서리가 편집되면서 작업이 종료됩니다.

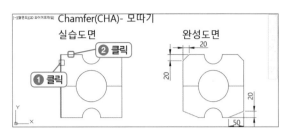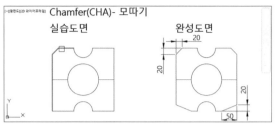

04_ 다시 [Enter↵]만 눌러 모따기(Chamfer) 명령을 실행합니다. 명령행을 보면 이전 작업에 사용된 거리 값이 저장되어 있습니다. 모서리 ❶과 ❷를 클릭합니다.

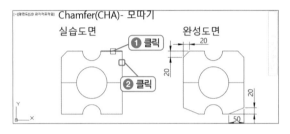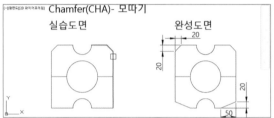

05_ [Enter↵]만 눌러 모따기(Chamfer) 명령을 실행합니다. 거리 옵션 "D"를 입력하고 [Enter↵]를 누릅니다. 첫 번째 거리 "20"을 입력하고 [Enter↵], 이어서 두 번째 거리는 "50"을 입력한 다음 [Enter↵]를 눌러 모따기 값을 설정합니다.

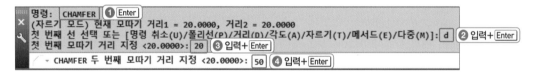

06_ 모따기(Chamfer) 할 모서리 ❶, ❷를 클릭하면 모서리가 편집되면서 작업이 종료됩니다.

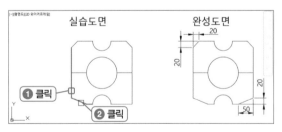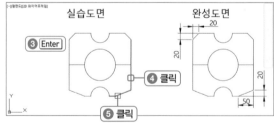

> **Tip**
> 거리 1에 입력한 값은 첫 번째 클릭한 모서리에 적용되고, 거리 2에 입력한 값은 두 번째 클릭한 모서리에 적용됩니다.

실력 점검 문제

01 다음 도면을 작성 후 A와 B의 거리를 구하시오.

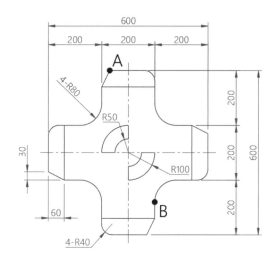

A부터 B지점까지의 거리 : _____

02 다음 도형을 Polyline(PL)으로 작성 후 모서리를 우측 도면과 같이 편집해 면적을 구하시오.
(소수점 4자리까지)

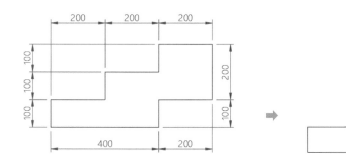

도형 A의 면적 : _____

2 빠른 작업을 위한 명령어

좀 더 빠른 작업을 위해서는 Copy(복사) 명령 이외에도 다양한 복사 관련 명령어를 활용해야 합니다. 이번 Chapter에서는 객체의 크기를 변경하는 축척과 회전, 대칭 등의 편집과 각 명령의 Copy(복사) 옵션을 학습합니다.

STEP 1 · Rotate(RO) – 회전

01_ 회전

[P03/Ch02/Rotate.dwg] 파일을 선택해 불러옵니다. 회전(Rotate) 명령의 단축키 "RO"를 입력하고 Enter↵ 를 눌러 명령을 실행합니다.

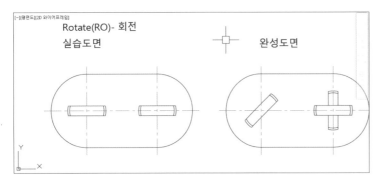

02_ ❶지점과 ❷지점을 클릭해 회전할 객체를 선택하고 Enter↵ 를 누릅니다. 회전 전의 기준점인 ❸지점을 클릭합니다. 각도 "45"를 입력하고 Enter↵ 를 누릅니다.

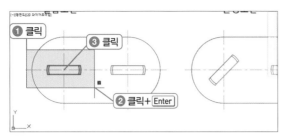
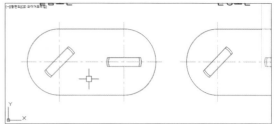

Tip
회전의 각도는 구성선(Xline)에서와 같이 수평 0°를 기준으로 반시계방향은 +(양수)값, 시계방향은 −(음수)값을 입력합니다.

03_ 회전의 복사 옵션

다시 [Enter↵]만 눌러 Rotate 명령을 실행합니다. ❷지점과 ❸지점을 클릭해 회전할 객체를 선택하고 [Enter↵]를 누릅니다. 회전 전의 기준점인 ❹지점을 클릭한 후 복사 옵션 "C"를 입력하고 [Enter↵]를 누릅니다. 각도 "90"을 입력하고 [Enter↵]를 누르면 원본은 유지되고 회전된 객체를 복사합니다.

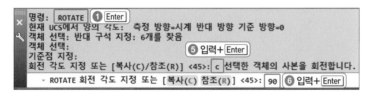

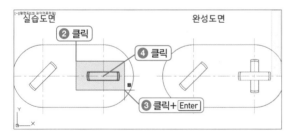
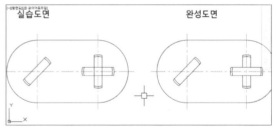

Tip
기준점의 역할은 위치를 고정시킵니다. 기준점을 객체의 중심으로 클릭하였으므로 중심의 위치는 변경되지 않습니다.

01_ 모양이 같은 객체 복사

[P03/Ch02/Scale.dwg] 파일을 선택해 불러옵니다. 모양은 같으나 크기가 다른 날개를 추가하겠습니다. 복사(Copy) 명령의 단축키 "CO"를 입력하고 Enter 를 눌러 명령을 실행합니다.

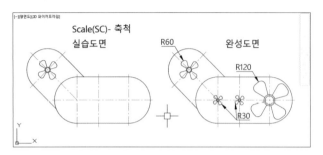

02_ ❶지점과 ❷지점을 클릭해 복사할 객체를 선택하고 Enter 를 누릅니다. 복사의 기준점인 ❸지점을 클릭합니다. 복사 목적지인 ❹, ❺, ❻지점을 클릭하고 Enter 를 누릅니다.

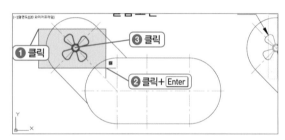
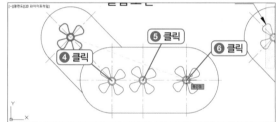

03_ 축척으로 크기 변경

축척(Scale) 명령의 단축키 "SC"를 입력하고 Enter 를 눌러 명령을 실행합니다. ❶지점과 ❷지점을 클릭해 객체를 선택하고 Enter 를 누른 후 축척의 기준점인 ❹지점을 클릭합니다. 비율 "0.5"를 입력하고 Enter 를 누릅니다.

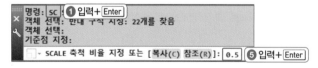

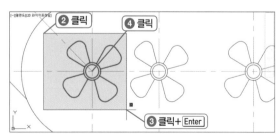
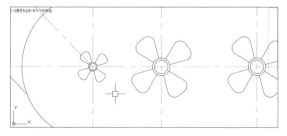

Tip

기준점의 역할은 위치를 고정시킵니다. 기준점을 객체의 중심으로 클릭하였으므로 중심의 위치는 변경되지 않습니다. 배율 값은 0.5(소수), 1/2(분수)로 입력이 가능합니다.

04_ 다시 Enter만 눌러 Scale 명령을 실행합니다. ❶지점과 ❷지점을 클릭해 객체를 선택하고 Enter를 누른 후 축척의 기준점인 ❸지점을 클릭합니다. 비율 "2"를 입력하고 Enter를 누릅니다.

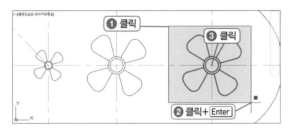

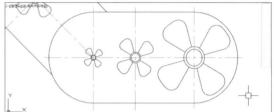

STEP 3 · Mirror(MI) – 대칭

01_ 대칭 복사

[P03/Ch02/Mirror.dwg] 파일을 선택해 불러옵니다. 대칭인 문을 추가하겠습니다. 대칭(Mirror) 명령의 단축키 "MI"를 입력하고 Enter를 눌러 명령을 실행합니다.

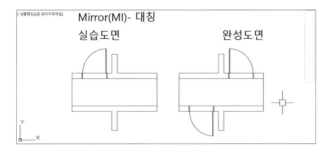

02_ ❶지점과 ❷지점을 클릭해 객체를 선택하고 Enter를 누릅니다. 대칭선이 될 ❸, ❹지점을 클릭하고 Enter를 누릅니다. (마지막 원본 삭제 유무는 기본 값이 '아니오'이므로 Enter만 누르면 됩니다.)

```
명령: MI MIRROR
객체 선택: 반대 구석 지정: 7개를 찾음
객체 선택: 대칭선의 첫 번째 점 지정:
대칭선의 두 번째 점 지정:
 MIRROR 원본 객체를 지우시겠습니까? [예(Y) 아니오(N)] <아니오>:
```

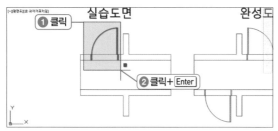
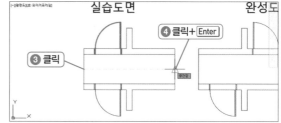

대칭선은 상하대칭인 경우 좌우가 되며, 좌우대칭인 경우에는 상하를 대칭선으로 지정해야 합니다.

03_ 대칭 이동

다시 Enter↵만 눌러 Mirror 명령을 실행합니다. 이전에 선택한 객체를 다시 선택하기 위해 "P"를 입력하고 Enter↵, 한 번 더 Enter↵를 누릅니다. 대칭선이 될 ❸, ❹지점을 클릭 후 "Y"를 입력하고 Enter↵를 누릅니다. (마지막 원본 삭제 유무에서 'Y'를 입력하면 원본이 삭제되면서 대칭이동이 됩니다.)

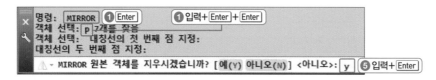

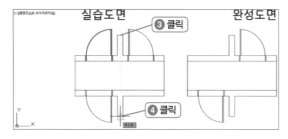
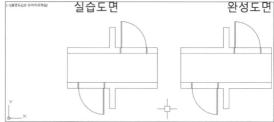

STEP 4 · Polygon(POL) – 폴리곤(다각형)

01_ [P03/Ch02/Polygon.dwg] 파일을 선택해 불러옵니다. 다각형을 그려보겠습니다. 폴리곤(Polygon) 명령의 단축키 "POL"을 입력하고 Enter↵를 눌러 명령을 실행합니다.

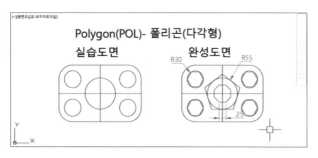

02_ 폴리곤 면의 수 "6"을 입력하고 Enter⏎를 누릅니다. 그려낼 폴리곤의 중심 지점을 클릭합니다.

03_ 그리기 옵션은 현재 값인 내접 ⟨I⟩를 그대로 적용하기 위해 Enter⏎만 누릅니다. 반지름 "30"을 입력하고 Enter⏎를 누르면 정육각형이 그려집니다.

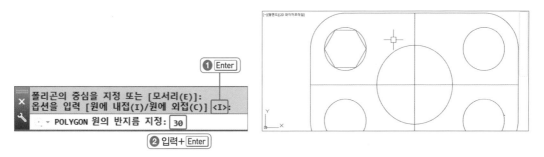

> **Tip**
>
> **원의 내접과 외접**
>
> 원의 내접은 그려낼 다각형이 입력한 반지름 값과 같은 크기의 원 안에 접하는 것이며, 외접은 입력한 반지름 값과 같은 크기의 원 밖에 접하는 것을 뜻합니다.

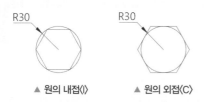

▲ 원의 내접⟨I⟩   ▲ 원의 외접⟨C⟩

04_ 다시 Enter⏎만 눌러 Polygon 명령을 실행합니다. 폴리곤 면의 수 "5"를 입력하고 Enter⏎를 누릅니다. 그려낼 폴리곤의 중심 지점을 클릭합니다.

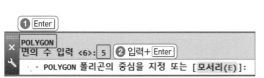

05_ 그리기 옵션을 외접으로 변경하기 위해 "C"를 입력하고 [Enter⏎]를 누릅니다. 반지름 "55"를 입력하고 [Enter⏎]를 누르면 정오각형이 그려집니다.

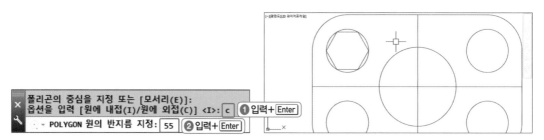

06_ 모서리 길이를 입력해 그려보겠습니다. [Enter⏎]만 눌러 Polygon 명령을 실행합니다. 폴리곤 면의 수 "8"을 입력하고 [Enter⏎]를 누릅니다. 모서리의 끝점을 ❹지점에 클릭합니다.

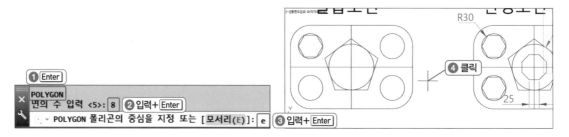

07_ 직교모드[F8]를 켜고 커서를 우측 ❶지점으로 이동한 상태에서 모서리 길이 값 "25"를 입력하고 [Enter⏎]를 누릅니다.

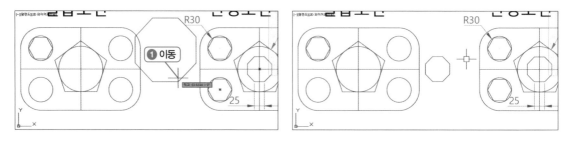

Tip
커서의 방향(상하좌우)에 따라 도형의 방향도 변경됩니다.

08_ 이동(Move) 명령의 단축키 "M"을 입력하고 Enter↵를 누릅니다. 이동할 객체인 오각형 ❶을 클릭하고 Enter↵를 누릅니다. 이동의 기준점인 ❷지점을 클릭하고 목적지인 ❸지점을 클릭해 도형을 이동하고 나머지 도형도 작성해봅니다.

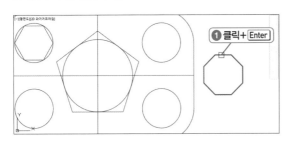 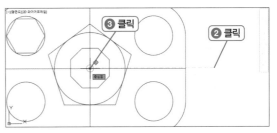

> **Tip**
>
> 폴리곤으로 작성된 다각형은 사각형(Rectang)과 동일한 성격의 폴리선(Polyline)으로 각각의 선분을 편집하려면 Explode(X) 명령으로 분해해야 합니다.

01 다음 도면을 작성 후 A와 B의 거리를 구하시오.

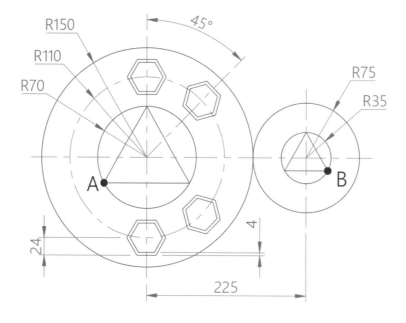

A부터 B지점까지의 거리 : _____

CHAPTER

3 다양한 패턴의 활용

Hatch 명령은 닫혀있는 영역 내부에 정해진 패턴이나 사용자가 설정한 반복된 선을 쉽게 넣을 수 있습니다. 특히 기계나 건축도면에서 절단면을 표현하거나 여러 가지 재료를 표현하는 데 많이 사용됩니다.

STEP 1 · Hatch(H) – 해치

01_ [P03/Ch03/Hatch.dwg] 파일을 선택해 불러옵니다. 작성된 도형 내부에 다양한 패턴을 넣어 보도록 하겠습니다.

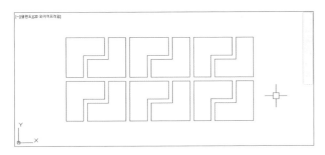

02_ 패턴 넣기- 기본 설정

해치(hatch) 명령의 단축키 "H"를 입력하고 Enter↵를 눌러 명령을 실행합니다. 해치 명령이 실행되면 상단의 리본메뉴가 해치작성 도구로 변경됩니다. 패턴 패널에서 ANSI31패턴을 클릭합니다. 패턴을 넣을 영역 ❸지점, ❹지점을 클릭하고 Enter↵를 누릅니다.

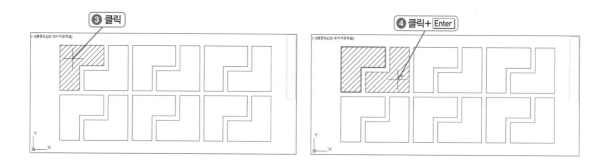

Tip
작성된 해치는 분해(Explode) 명령으로 분해할 수 있습니다. 하지만 분해된 해치는 선으로 변경되며 해치로 되돌릴 수 없습니다.

03_ 패턴 넣기- 특성 설정

다시 Enter↵만 눌러 해치(Hatch) 명령을 실행합니다. ❶부분을 클릭하고 "90", ❷부분을 클릭하고 "3"을 입력한 후 Enter↵를 누릅니다. 패턴을 넣을 영역 ❸지점, ❹지점을 클릭하고 Enter↵를 누릅니다.

(❶부분은 패턴의 각도를 설정하며, ❷부분은 패턴의 크기를 설정합니다.)

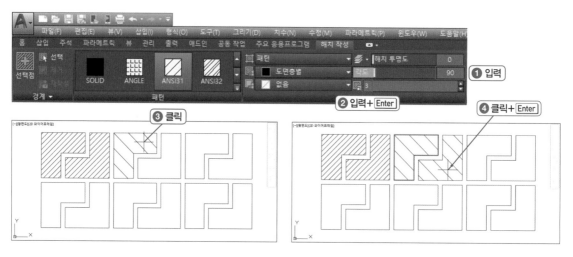

04_ 패턴 넣기- 사용자 설정 1

다시 Enter↵만 눌러 해치(Hatch) 명령을 실행합니다. ❶부분을 클릭해 사용자 정의로 변경합니다. ❸부분을 클릭하고 "0", ❹부분을 클릭하고 "5"를 입력한 후 Enter↵를 누릅니다. (사용자 정의 패턴 설정 시 ❸부분은 패턴의 각도로 동일하지만 ❹부분은 패턴의 간격 설정으로 변경됩니다.)

05_ 패턴을 넣을 영역 ❶지점, ❷지점을 클릭하고 Enter↵를 누릅니다.

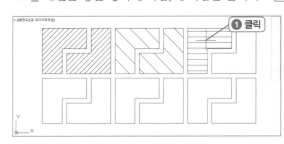
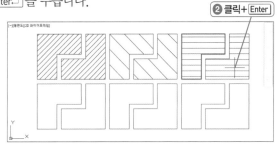

06_ 패턴 넣기- 사용자 설정 2

다시 Enter↵만 눌러 해치(Hatch) 명령을 실행합니다. ❶부분을 클릭해 [이중]을 클릭한 후 그 외 설정은 이전 작업에서 사용한 값을 그대로 유지합니다.

07_ 패턴을 넣을 영역 ❶지점, ❷지점을 클릭하고 Enter↵를 누릅니다.

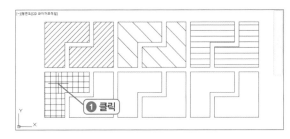
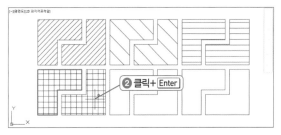

Tip

패턴 넣기 이외에도 솔리드와 그라데이션을 선택하면 단색과 두 가지 색을 혼합한 채색을 할 수 있습니다.

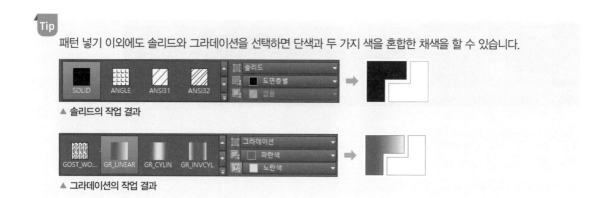

▲ 솔리드의 작업 결과

▲ 그라데이션의 작업 결과

STEP 2 · Hatch Edit(HE) – 해치 편집

01_ 패턴 편집

[P03/Ch03/Hatch Edit.dwg] 파일을 선택해 불러오거나 Step1에서 작성한 결과를 그대로 사용합니다. 작성된 해치를 편집해 보도록 하겠습니다. 대기상태의 커서로 작성된 해치를 클릭합니다.

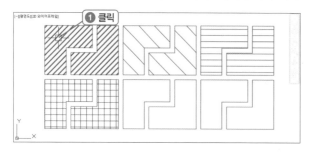

02_ 패턴을 변경하기 위해 콤보상자를 클릭합니다. ANSI37 패턴 ❷를 클릭하고 닫기 ✔❸을 클릭합니다. (해치를 넣을 당시 두 개의 영역을 한 번에 작업하였으므로 두 개의 영역이 한 번에 편집됩니다.)

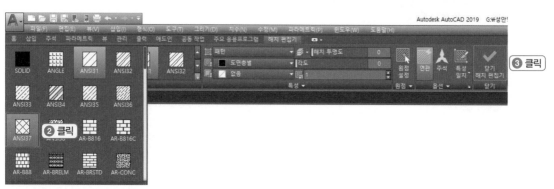

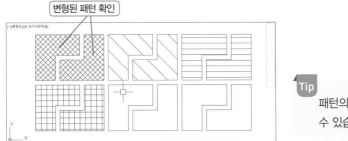

변형된 패턴 확인

> **Tip**
> 패턴의 모양 이외에도 각도와 축척 등을 변경할
> 수 있습니다.

03_ 패턴 분리

대기상태의 커서로 작성된 해치 ❶을 클릭하면 두 개의 영역이 한 번에 선택됩니다. 옵션 패널 ❷를 클릭하고 [개별해치] ❸을 클릭하면 해치 영역이 각 영역별로 분리됩니다. 해치의 영역을 분리한 후에는 각 영역별로 패턴을 편집할 수 있습니다.

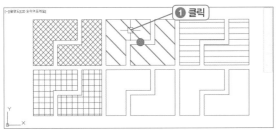

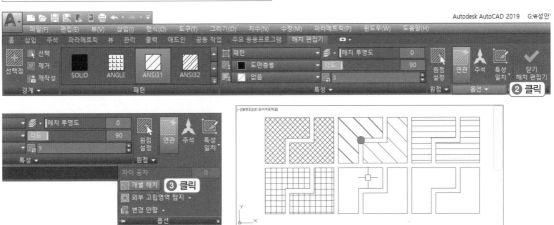

04_ 원점 재설정

바둑판 모양의 해치를 살펴보면 도형의 모서리 구석에서 패턴이 시작되지 않은 것을 확인할 수 있습니다. 패턴의 시작 위치를 편집하기 위해 대기상태의 커서로 해치를 클릭합니다.

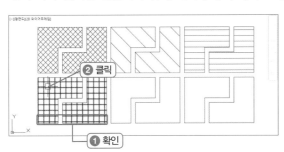

05_ 원점 패널에서 [원점설정]을 클릭합니다. 구석점을 클릭하고 [닫기✔]를 클릭합니다.

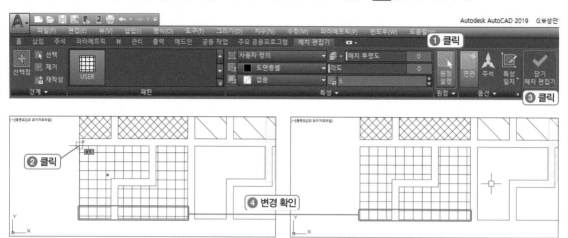

> **Tip**
> 오른쪽 영역의 원점을 개별적으로 편집하려면 개별해치를 적용한 후에 원점을 변경하면 됩니다.

06_ 나머지 빈 영역에 다음과 같은 패턴을 넣어 봅니다.

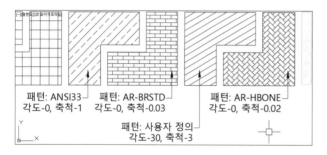

패턴: ANSI33
각도-0, 축척-1

패턴: AR-BRSTD
각도-0, 축척-0.03

패턴: AR-HBONE
각도-0, 축척-0.02

패턴: 사용자 정의
각도-30, 축척-3

01 다음 도면을 작성하시오.

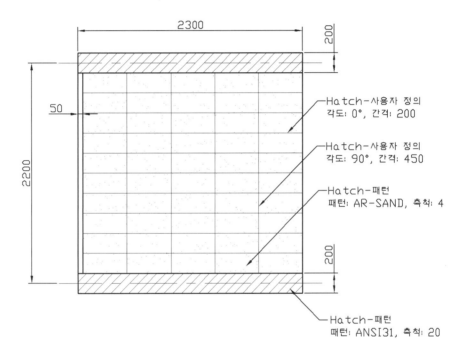

02 위 도면의 해치 중 패턴 AR-SAND의 면적은 얼마입니까?

CHAPTER

4 신축과 블록의 활용

Stretch(신축) 명령은 도면 요소의 길이나 폭을 쉽게 변경할 수 있고, Block(블록)은 도면의 편집 및 관리에 효율적인 기능을 지원합니다. 도면의 편집과 관리 업무에 있어 중요한 명령을 학습합니다.

STEP 1 · Stretch(S) – 신축

01_ [P03/Ch04/Stretch.dwg] 파일을 선택해 불러옵니다. 신축(Stretch) 명령의 단축키 "S"를 입력하고 Enter↵를 눌러 명령을 실행합니다. 신축은 명령행에 표시된 내용대로 객체 선택 시 걸침 윈도우(crossing-window)와 걸침 폴리곤(crossing-polygon)으로만 선택을 해야 합니다.

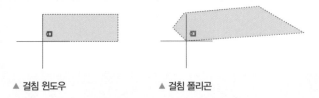

▲ 걸침 윈도우   ▲ 걸침 폴리곤

걸침 폴리곤은 객체 선택을 해야 하는 명령 사용 시 "CP"를 입력하고 Enter↵를 눌러 클릭하면 됩니다.

02_ ❶지점과 ❷지점을 클릭해 신축 부분을 선택하고 Enter↵를 누릅니다. 기준점인 ❸지점을 클릭한 후 신축 방향인 ❹지점으로 커서를 이동한 상태에서 거리 값 "30"을 입력하고 Enter↵를 누릅니다.

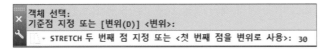

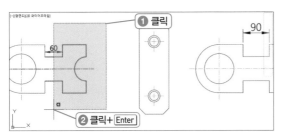

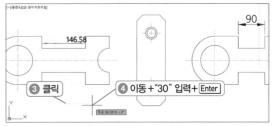

03_ 우측 B객체까지 길이를 늘려보겠습니다. 다시 Enter↵만 눌러 Stretch 명령을 실행합니다. ❶지점과 ❷지점을 클릭해 신축할 부분을 선택하고 Enter↵를 누릅니다. 기준점인 ❸지점을 클릭합니다.

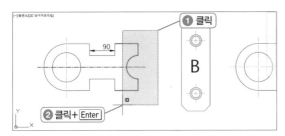

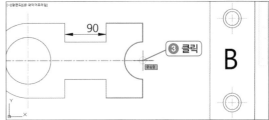

04_ 신축될 목적지 ❶지점을 클릭하면 선택한 부분이 신축됩니다.

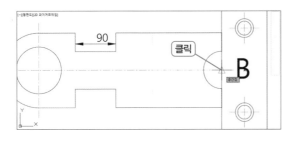

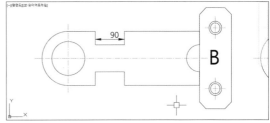

> **Tip**
>
> **신축할 부분의 선택**
> 녹색 영역 안에 포함되는 대상은 이동되고 걸쳐지는 대상은 변형됩니다. 우측 작은 원과 수직선은 완전히 포함되므로 이동되고, 좌측의 가로선 및 위아래의 가로선은 영역에 걸쳐 있으므로 변형됩니다.

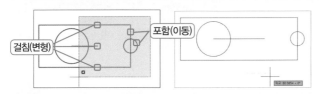

01_ [P03/Ch04/Block.dwg] 파일을 선택해 불러옵니다. 여러 개의 객체로 구성된 도면 요소를 하나의 블록으로 묶어 도면을 완성하겠습니다.

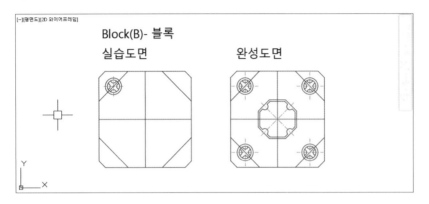

02_ 복사할 도면 요소를 하나로 묶기 위해 블록(Block) 명령의 단축키 "B"를 입력하고 Enter.┙를 눌러 명령을 실행합니다. 블록의 이름을 "A1"로 입력하고 객체특성을 '블록으로 변환'으로 선택합니다. 기준점을 지정하기 위해 선택점을 클릭합니다.

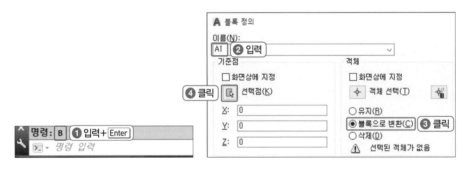

03_ 기준점을 ❶지점으로 클릭하고 객체를 선택하기 위해 ❷를 클릭합니다.

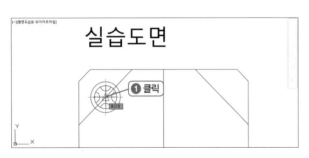

04_ ❶지점과 ❷지점을 클릭해 하나로 묶을 부분을 선택하고 Enter↵를 누릅니다. 선택된 객체를 미리보기 부분으로 확인한 후 [확인] 버튼을 클릭합니다.

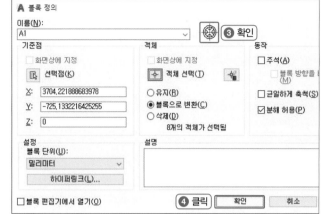

05_ 복사(Copy) 명령 단축키 "CO"를 입력하고 Enter↵를 눌러 명령을 실행합니다. 복사할 객체를 클릭하고 Enter↵를 누릅니다. 복사의 기준점인 ❸지점을 클릭하고 목적지인 ❹, ❺, ❻지점을 클릭한 후 다시 Enter↵를 눌러 종료합니다.

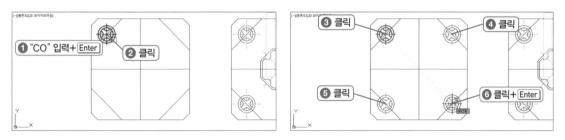

06_ 미리 작성한 도면 요소를 삽입하기 위해 삽입(Insert) 명령 단축키 "I"를 입력하고 Enter↵를 눌러 명령을 실행합니다. [찾아보기] 버튼을 클릭합니다.

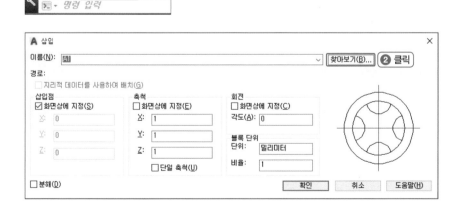

07_ [P03/Ch04/Insert re.dwg] 파일을 클릭하고 [열기] 버튼을 클릭합니다.

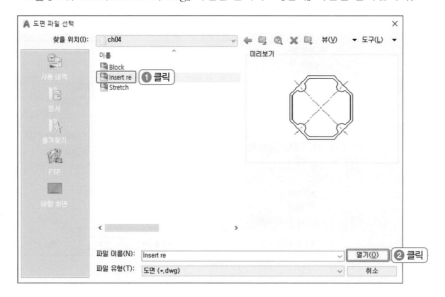

08_ [확인] 버튼을 클릭하고 삽입점을 클릭합니다.

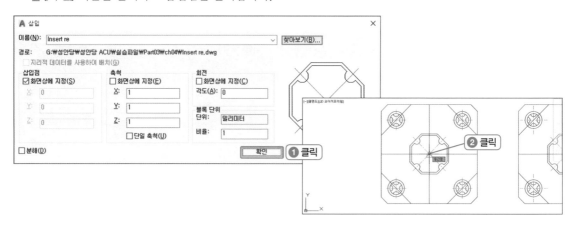

STEP 3 · Block Edit(BE) – 블록 편집, WBlock(W) – 쓰기 블록

01_ [P03/Ch04/Block Edit.dwg] 파일을 선택해 불러옵니다. 작성된 도면 요소(블록)를 편집하기 위해 블록 편집(Block Edit) 명령의 단축키 "BE"를 입력하고 Enter↵ 를 누릅니다.

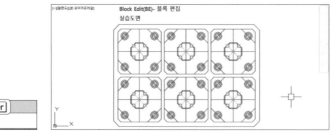

02_ 블록 정의 편집 창에서 'A1'을 클릭하고 [확인] 버튼을 클릭합니다. 작업 화면은 블록 편집 화면으로 변경됩니다.

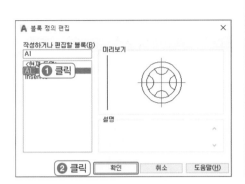

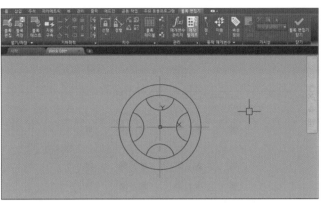

Tip

블록 편집(Block Edit) 명령의 단축키 [BE] 대신 대기상태의 커서로 편집하고자 하는 블록을 더블 클릭해도 블록 편집이 실행됩니다.

03_ 해치(hatch) 명령의 단축키 "H"를 입력하고 [Enter↵]를 누릅니다. 패턴 패널에서 SOLID패턴을 클릭한 후 패턴을 넣을 영역 ❷, ❸, ❹, ❺지점을 클릭하고 [Enter↵]를 누릅니다.

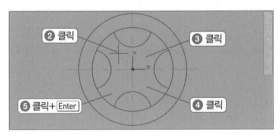

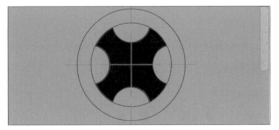

04_ 블록 편집을 저장하기 위해 [블록 저장 🔲]을 클릭합니다. 이어서 [블록 편집기 닫기 ✔️]를 클릭하면
블록 편집이 종료됩니다.

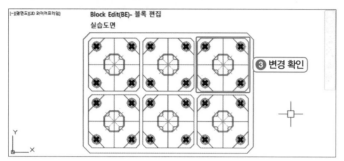

05_ 도면의 일부만 선택하여 DWG 파일로 저장해보겠습니다. 쓰기 블록(WBlock) 명령의 단축키 "W"를
입력하고 [Enter↵]를 누릅니다. 기준점을 ❸지점으로 클릭하고 객체를 선택하기 위해 ❹를 클릭합니다.

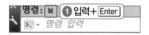

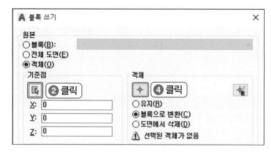

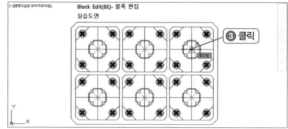

06_ ❶지점과 ❷지점을 클릭해 저장할 부분을 선택하고 [Enter↵]를 누릅니다. 저장 경로를 지정하기 위해 ❸
을 클릭합니다.

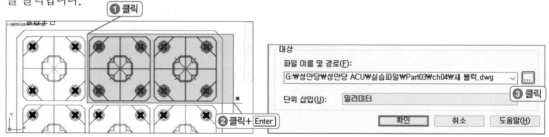

07_ 바탕화면을 클릭하고 파일 이름을 "test"로 입력한 후 [저장] 버튼을 클릭합니다. 블록 쓰기 창에서 다시 [확인] 버튼을 클릭하면 선택된 도면 요소가 저장됩니다.

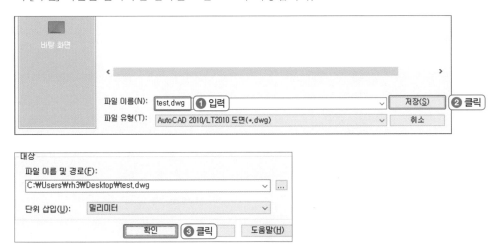

08_ 바탕화면에 저장된 test 파일을 더블 클릭해 결과를 확인합니다.

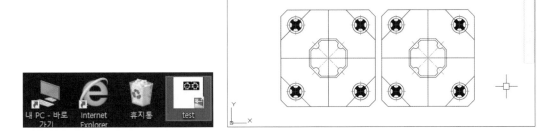

4 실력 점검 문제

01 다음 도면을 작성 후 A부분을 쓰기 블록(이름: H1)으로 작성하시오.

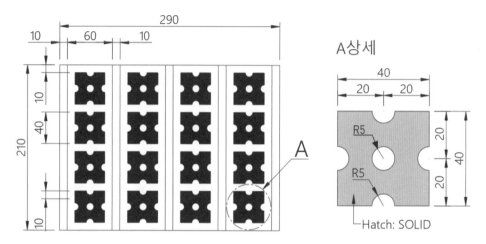

A상세

Hatch: SOLID

CHAPTER

5 그립의 활용

오토캐드에서 만들어지는 모든 객체는 Grip을 활용해 간단한 편집을 할 수 있습니다. 명령어 입력이 필요치 않아 신속하게 선을 늘리고 줄이는 작업에 자주 사용됩니다.

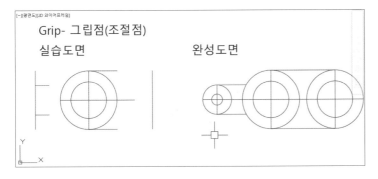

STEP 1 · Grip- 그립점(조절점)

01_ [P03/Ch05/Grip.dwg] 파일을 선택해 불러옵니다. 작성된 도면을 Grip을 활용해 편집해 보겠습니다.

02_ 좌측과 우측에 원의 중심을 표시하기 위해 선을 늘려보겠습니다. 대기상태의 커서로 선분을 클릭하면 객체유형에 맞는 조절점(Grip point)이 나타납니다.

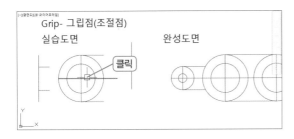 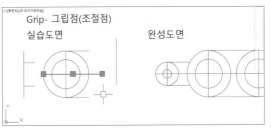

03_ 그립점 **❶**을 클릭하고 **❷**지점을 클릭합니다. (직교모드 [F8] 을 on(켜기)으로 설정)

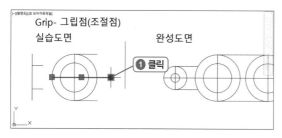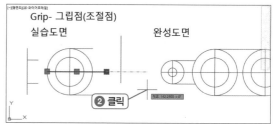

Tip
일반적으로 객체의 중앙 그립은 이동, 바깥쪽 그립은 형태를 변형시킬 수 있습니다.

04_ 계속해서 그립점 **❶**을 클릭하고 **❷**지점을 클릭합니다. [ESC]를 눌러 그립 편집을 종료합니다.

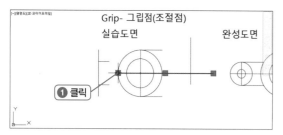

05_ 복사(Copy) 명령의 단축키 "CO"를 입력하고 [Enter↵]를 누릅니다. **❶**지점, **❷**지점을 클릭하고 [Enter↵]를 누른 후 기준점 **❸**지점을 클릭하고 **❹**지점을 클릭합니다. 복사 후 [Enter↵]를 눌러 명령을 종료합니다.

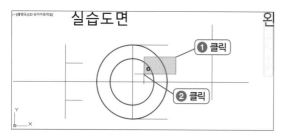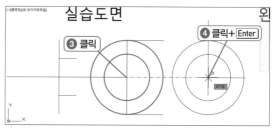

06_ 대기상태의 커서로 선분 **❶**과 **❷**를 클릭합니다. 그립점 **❸**을 클릭하고 **❹**지점을 클릭한 후 계속해서 그립점 **❺**를 클릭하고 **❻**지점을 클릭합니다. [ESC]를 눌러 그립 편집을 종료합니다.

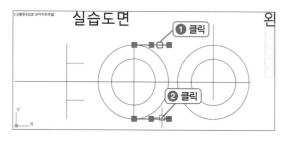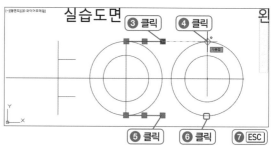

07_ 다음과 같이 도면을 작성하고 그립점으로 편집합니다. 자르기(Trim) 명령으로 벗어난 선분을 잘라내 편집을 마무리 합니다.

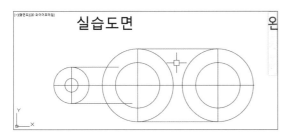
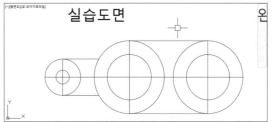

Tip
그립은 선(Line) 이외에도 원, 사각형 등 모든 도형에서 사용할 수 있으며 앞으로 학습하게 될 문자, 치수와 같은 주석요소에도 사용할 수 있습니다. 그립점의 모양은 객체에 따라 정사각형과 직사각형으로 표시됩니다.

▲ 일반 객체의 그립   ▲ 폴리선 객체의 그립

5 실력 점검 문제

01 다음 도면을 작성하시오.

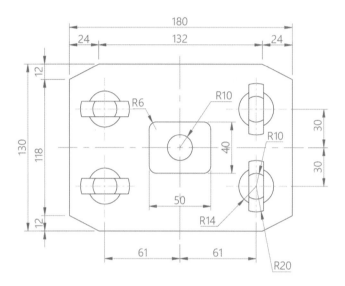

02 다음 도형 중 폴리선(Polyline)으로 작성된 도형을 모두 고르시오.

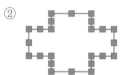

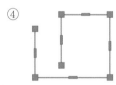

도면층과 주석 활용하기

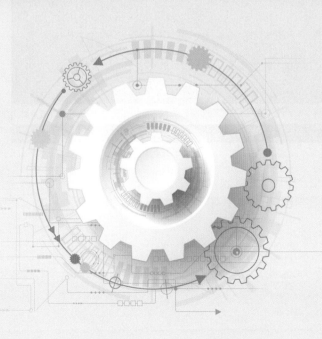

도면층과 특성의 활용

도면에 많은 정보를 담기 위해서는 실선과 파선, 일점쇄선, 이점쇄선 등 다양한 선을 사용해야 하며, 도면의 편집과 관리가 용이하도록 도면의 요소를 구분해야 합니다. 이번 Chapter에서는 도면층을 활용해 다양한 선과 색상으로 도면을 작성해 봅니다.

STEP 1 · Layer(LA) – 도면층

01_ 도면층 구성

AutoCAD를 실행해 [미터법(M)]으로 새 도면을 시작합니다.

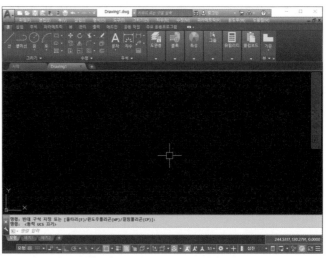

Tip

원만한 학습을 위해 배경색을 학습자와 같은 검정색으로 변경하였습니다.

02_ 도면층을 구성하기 위해 도면층(Layer)의 단축키 "LA"를 입력하고 [Enter]를 누릅니다. 도면층 특성 관리자 설정 창에서 새 도면층 을 클릭하면 도면층이 추가됩니다. 이름을 "Model"로 입력하고 [Enter]를 누릅니다.

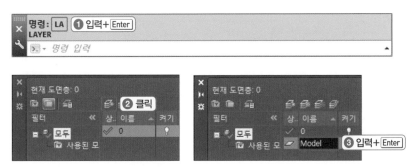

03_ 다시 새 도면층 을 클릭하거나 [Enter]를 눌러 도면층을 추가한 후 이름을 "Center"로 입력하고 [Enter]를 누릅니다. 같은 방법으로 다음과 같이 구성합니다.

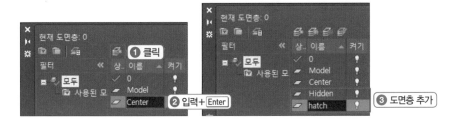

04_ 각 도면층에 색상을 지정하기 위해 'Moldel' 도면층의 색상 ❶을 클릭하고 색상 선택 설정 창에서 녹색을 클릭합니다. [확인] 버튼을 클릭합니다.

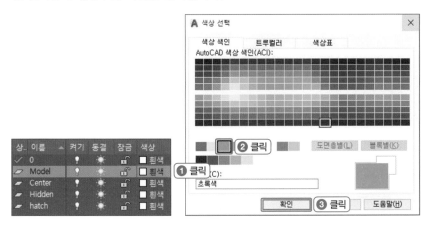

05_ 03과 같은 방법으로 다음과 같이 각 도면층의 색상을 지정합니다.

06_ 현재 모든 도면층의 선종류는 'Continuous(실선)'로 되어 있습니다. Center 도면층의 [Continuous]를 클릭합니다. [선종류 선택] 대화상자에서 적용 가능한 선이 'Continuous(실선)' 뿐이므로 [로드] 버튼을 클릭합니다.

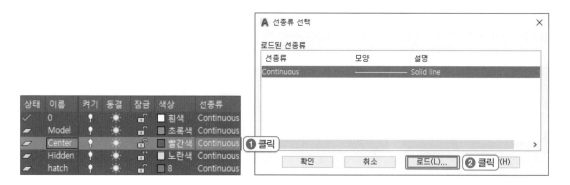

07_ 목록에서 선종류 하나를 클릭하고 찾고자 하는 Center 선의 앞글자 C를 누르면 Center 선으로 이동됩니다. [확인] 버튼을 클릭하면 Center 선을 사용할 수 있도록 등록됩니다.

 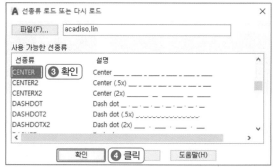

> **Tip**
> C를 눌렀을 때 해당 항목으로 이동되지 않으면 한영 변환키를 확인합니다.

08_ 등록된 [CENTER] 선을 클릭하고 [확인] 버튼을 클릭하면 해당 도면층에 선택한 선분이 적용됩니다.

09_ Hidden 도면층의 [Continuous]를 클릭합니다. 적용 가능한 Hidden(숨은선)은 없으므로 [로드] 버튼을 클릭합니다.

10_ 선종류 중 하나를 클릭하고 Hidden 선의 앞글자 H를 누르면 Hidden 선으로 이동됩니다. [확인] 버튼을 클릭하면 Hidden 선을 사용할 수 있도록 등록됩니다.

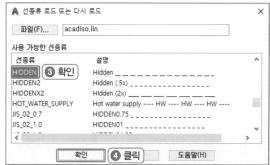

Tip
H를 눌렀을 때 해당 항목으로 이동되지 않으면 한영 변환키를 확인합니다.

11_ 등록된 [HIDDEN] 선을 클릭하고 [확인] 버튼을 클릭하면 해당 도면층에 선택한 선분이 적용됩니다.

12_ 도면층의 구성이 다음과 같이 설정되었는지 확인하고 [닫기] 버튼을 클릭합니다. (도면층의 이름과 색상은 설계직종과 작업자에 따라 다를 수 있습니다. 학습자는 자유롭게 구성해도 됩니다.)

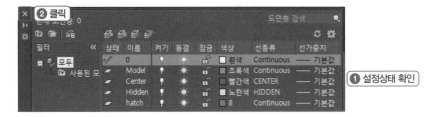

> **Tip**
> 도면층의 순서는 관계없으며, 이름과 색상 중간에 있는 켜기, 동결, 잠김 표시가 맞는지 다시 한 번 확인합니다. 모양이 다르면 해당 아이콘을 클릭하여 수정합니다.

13_ 도면층 운영

사용할 현재 도면층을 지정하기 위해 [홈] 탭의 [도면층] 그룹에서 콤보상자를 클릭하고, [Model]을 클릭합니다.

도면층 클릭 시 좌측의 옵션(켜기, 동결, 잠김)이 클릭되지 않도록 주의합니다.

14_ 다음 도면을 작성하면서 기본적인 도면층 운영법을 익혀보도록 하겠습니다.

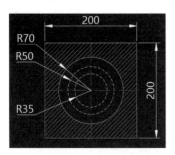

15_ 다음 도형을 작성합니다. 현재 도면층이 Model(녹색)이므로 선과 원은 녹색으로 작성됩니다.

❶ 사각형(REC) – @200,200
❷ 선(L) – 객체 스냅의 중간점(midpoint) 사용
❸ 원(C) – 반지름 35, 50, 70

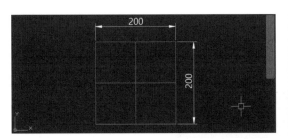
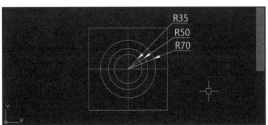

16_ 십자선을 일점쇄선인 Center(빨강) 도면층으로 변경해 보겠습니다. 대기상태의 커서로 십자선을 클릭합니다. 도면층 컨트롤 패널에서 콤보상자를 클릭하고 [Center] 도면층를 클릭합니다. 변경된 도면층을 확인하고 ESC 를 눌러 그립상태를 해제합니다.

17_ 계속해서 대기상태의 커서로 원 ❶, ❷를 클릭합니다. 도면층 컨트롤 패널에서 콤보상자를 클릭하고 [Hidden] 도면층을 클릭합니다. 변경된 도면층을 확인하고 ESC 를 눌러 그립상태를 해제합니다.

18_ 해치(Hatch) 명령의 단축키 "H"를 입력하고 Enter 를 누릅니다. 패턴을 클릭하고 축척을 "2"로 입력하고 Enter 를 누릅니다. 영역 ❸, ❹, ❺, ❻을 클릭하고 Enter 를 누릅니다. (현재 도면층이 Model(녹색)이므로 객체는 모두 녹색 실선으로 작성됩니다.)

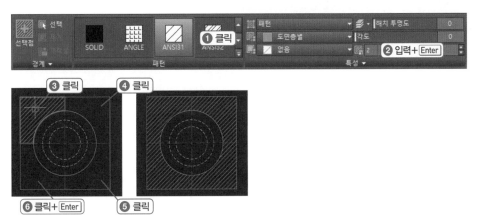

19_ 해치를 hatch(회색) 도면층으로 변경해 보겠습니다. 대기상태의 커서로 해치를 클릭합니다. 리본 메뉴는 해치 편집기로 변경되어 있어 [홈] 탭을 클릭합니다. 도면층 컨트롤 패널에서 콤보상자를 클릭하고 [Hatch] 도면층을 클릭합니다. 변경된 도면층을 확인하고 ESC를 눌러 그립상태를 해제합니다.

> **Tip**
> 앞으로 학습하게 될 치수나 문자 또한 도면층을 추가해 구분해서 작성하게 됩니다.

STEP 2 · Linetype(LT) – 선종류 관리자, Ltscale(LTS) – 선종류 축척

01_ 선종류의 축척 설정

Step 1에서 작성된 도면을 그대로 사용하거나 [P04/Ch01/Layer.dwg] 파일을 불러옵니다. 일점쇄선(빨강) 과 파선(노랑)의 간격을 확인합니다.

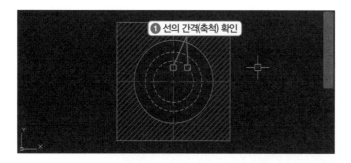

02_ 선유형 축척의 단축키 "LTS"를 입력하고 Enter↵를 누릅니다. 현재 축척 비율이 1로 표시됩니다. "2" 를 입력하고 Enter↵를 누르면 선의 축척이 커져 간격이 넓게 표현됩니다.

Tip

선유형의 축척은 작성되는 도면의 크기
에 맞추어 보기 좋게 표현하면 됩니다.

03_ 선의 종류를 추가해 보겠습니다. 선종류 관리자의 단축키 "LT"를 입력하고 Enter↵ 를 누릅니다. 기본 선인 Continuous와 도면층에서 추가한 Center, Hidden이 확인됩니다. 이점쇄선(Phantom)을 추가하기 위해 [로드] 버튼을 클릭합니다.

Tip

도면층(LA)과 선종류 관리자(LT)의 선은 연동됩니다.

04_ Phantom을 클릭하고 [확인] 버튼을 클릭한 후 선종류 축척을 확인하기 위해 [자세히] 버튼을 클릭합니다. 전역 축척 비율 값을 [1]로 변경하고 [확인] 버튼을 클릭합니다. 로드한 선은 도면층이나 특성에서 사용할 수 있습니다.(Phantom도 선종류 하나를 클릭하고 "P"를 입력하면 검색됩니다.)

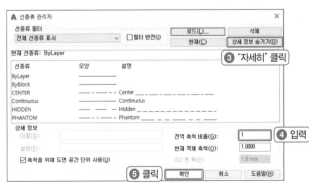

Tip

LT의 전역 축척 비율 값과 LTS 설정 값은 같으며 연동됩니다.

01_ 특성(도면층, 선축척, 치수축척, 글꼴 스타일)

[P04/Ch01/Properties.dwg] 파일을 불러옵니다. 작성된 객체의 특성(Properties)을 확인하고 변경해 보겠습니다.

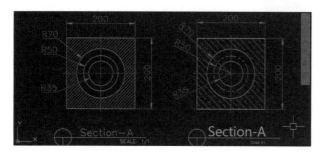

02_ 특성을 확인하거나 변경할 객체를 대기상태의 커서로 클릭하고 Ctrl 을 누른 상태로 1 을 누릅니다. 선택된 원의 특성정보가 나타납니다.

(숫자 1은 키보드 우측의 키패드가 아닌 상단의 1을 누릅니다.)

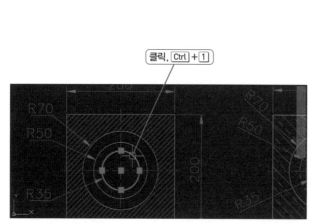

클릭, Ctrl + 1

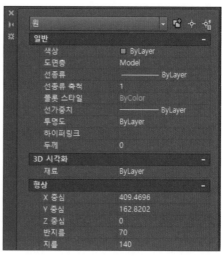

Tip
특성 창에는 객체를 도면층을 포함한 일반적인 정보 이외에도 다양한 형상 정보를 확인하고 변경할 수 있습니다.

03_ 도면층 정보를 클릭하면 항목이 강조되고 화살표가 나타납니다. 다시 ❶을 클릭하고 Hidden도면층을 클릭합니다. 작업 화면에서 도면층이 변경된 것을 확인합니다.

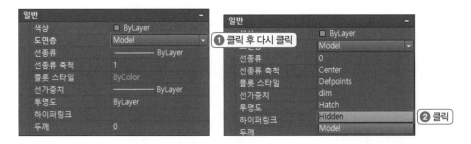

04_ 계속해서 형상정보의 반지름을 클릭합니다. 값을 "20"으로 입력하고 [Enter↵]를 누르면 원의 크기가 반지름 35에서 20으로 변경됩니다.

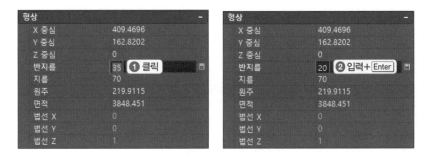

05_ 객체의 특성정보를 확인 및 변경한 후에는 커서를 작업 화면 ❶부분으로 이동해 [ESC]를 눌러 선택을 해제해야 합니다.

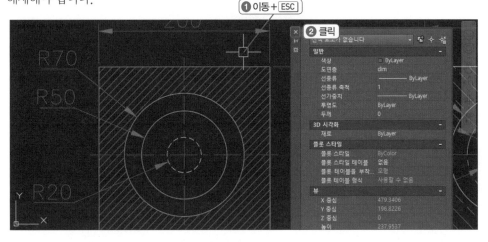

> **Tip**
> 특성 창은 그대로 두면 대기상태의 커서로 객체를 클릭했을 때 정보를 바로 확인하고 변경할 수 있습니다. ❷를 눌러 창을 닫으면 객체를 클릭하고 [Ctrl]을 누른 상태로 [1]을 누르면 됩니다.

06_ 대기상태의 커서로 중심선 **①**과 **②**를 클릭하고 Ctrl +**1**을 누릅니다.

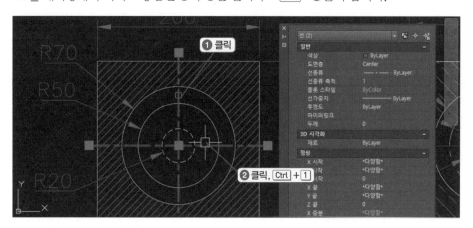

07_ 선종류 축척을 클릭합니다. 값을 "0.6"으로 입력하고 Enter↵를 누르면 선의 축척이 좀 더 촘촘하게 변경됩니다. 커서를 작업 화면으로 이동해 ESC를 눌러 선택을 해제합니다.

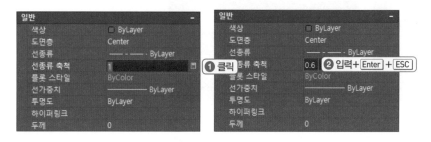

> **Tip**
> 특성 창의 선종류 축척은 선택한 객체만 적용되므로 중앙의 원은 변화가 없습니다.

08_ 이어서 특성을 일치시켜 우측 도면을 좌측과 같은 형태로 편집하겠습니다. 특성 일치(Matchprop)의 단축키 "MA"를 입력하고 Enter↵를 누릅니다. 소스**①**을 클릭하고 **②**, **③**을 클릭한 후 Enter↵를 눌러 명령을 종료합니다.

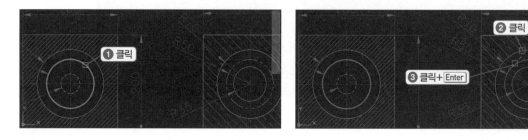

> **Tip**
> 특성을 일치의 소스(원본)가 다른 경우 명령을 종료하고 일치 소스를 다시 선택해야 하며, 일치 대상을 선택할 때는 걸침 선택이나 포함 선택을 사용할 수 있습니다.

09_ 다시 [Enter↵]만 눌러 Matchprop 명령을 실행합니다. 소스 **❶**을 클릭하고 **❷**부분과 **❸**부분을 클릭한 후 [Enter↵]를 눌러 명령을 종료합니다.

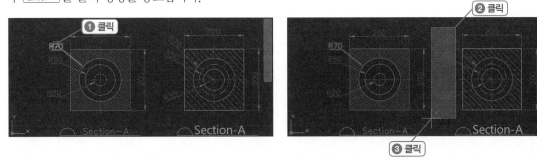

> **Tip**
> 해치 패턴, 문자 등의 요소도 특성 일치(MA)로 도면층이나 설정 값 등을 변경할 수 있습니다.

STEP 4 · 도면층(Layer) 옵션

01_ 도면층 옵션

[P04/Ch01/Layer옵션.dwg] 파일을 불러와 도면층(Layer)의 단축키 "LA"를 입력하고 [Enter↵]를 누릅니다. 치수, 창호, 벽체 등 도면 요소가 도면층에 맞게 작성됨을 확인합니다.

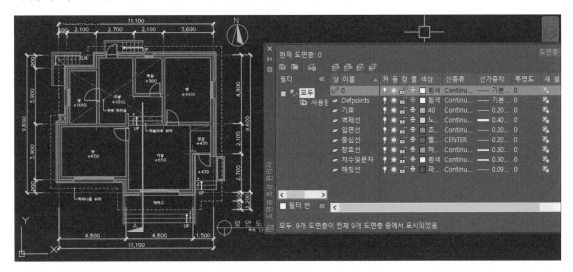

02_ 치수 및 문자 도면층의 전구를 클릭하면 전구가 꺼지면서 도면의 치수와 문자가 보이지 않게 됩니다. 다시 전구를 클릭해 치수와 문자가 나타나게 됩니다.

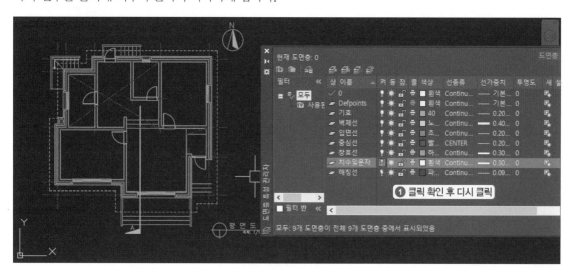

Tip

끄기/켜기와 동결의 시각적 기능은 동일하지만 다른 명령을 사용함에 있어 동결은 객체를 포함하지 않고, 끄기/켜기는 계산에 포함합니다.

03_ 기호 도면층의 자물쇠를 클릭하면 자물쇠가 잠기면서 도면의 방위, 절단선A, 제목표시 기호의 색이 탁해집니다. 잠긴 도면층은 수정편집이 불가합니다. 다시 자물쇠를 클릭해 잠금을 해제합니다.

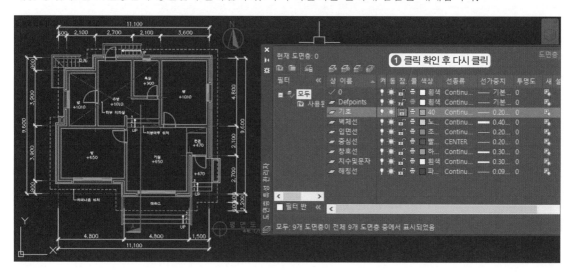

Tip

도면층 컨트롤 패널에서도 끄기/켜기, 동결, 잠금 옵션을 설정할 수 있습니다.

실력 점검 문제

01 제시된 도면층을 작성해 다음 도면을 작성하시오.

도면층

상	이름	켜	동	잠.	플	색상	선종류	선가중치	투명도
✓	0	💡	☀	🔓	🖨	☐ 흰색	Continuous	— 기본값	0
➤	center	💡	☀	🔓	🖨	☐ 빨간색	CENTER	— 기본값	0
➤	hidden	💡	☀	🔓	🖨	☐ 노란색	HIDDEN	— 기본값	0
➤	model	💡	☀	🔓	🖨	☐ 초록색	Continuous	— 기본값	0

작성도면

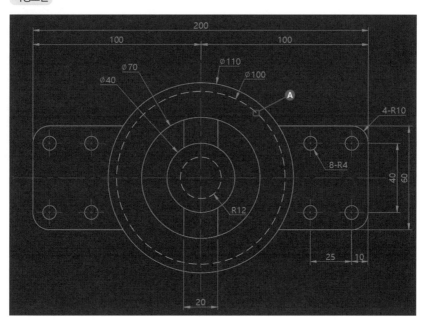

02 문제 01에서 원 A의 면적을 구하시오.

원 A의 면적 : _____

2 문자 쓰기 편집

도면의 정보를 표기하는 문자는 중요한 요소가 됩니다. 주로 단어를 표기할 때 사용하는 동적문자 (Dtext)와 장문과 같은 설명글을 쓰는 다중행(Mtext) 문자를 학습합니다.

STEP 1 · Style(ST) – 문자 스타일

01_ [P04/Ch02/Text.dwg] 파일을 선택해 불러옵니다. 1층부터 4층까지의 실의 명칭과 도면명을 작성해 보겠습니다.

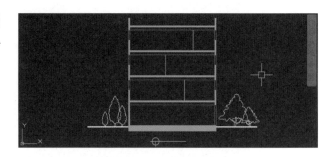

02_ 문자 스타일 설정

AutoCAD에서 한글 글꼴을 사용해 문자를 작성하기 위해서는 사용할 글꼴을 적용한 문자 스타일을 만들어야 합니다. 스타일(Style) 명령의 단축키 "ST"를 입력하고 Enter↵를 누른 후 대화상자에서 [새로 만들기] 버튼을 클릭합니다.

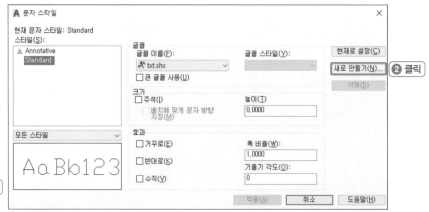

03_ 이름을 "t1"으로 입력하고 [확인] 버튼을 클릭합니다. 좌측 스타일 목록에 't1'이 추가됩니다. 글꼴 이름을 클릭해 '맑은 고딕'을 선택한 다음 [적용] 버튼 클릭 후 [닫기] 버튼을 클릭합니다.

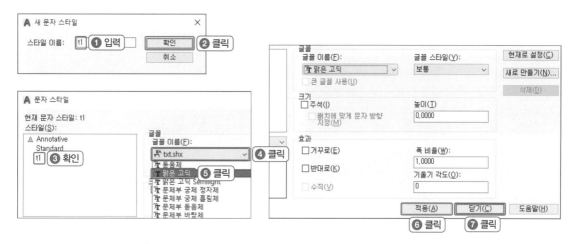

STEP 2 · Dtext(DT) – 단일행(동적) 문자

01_ 도면 아래 제목 블록 부분을 확대한 후 동적문자(Dtext)의 단축키 "DT"를 입력하고 Enter를 누릅니다. 현재 문자 스타일이 t1으로 지정됨을 확인합니다.

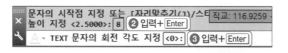

02_ 문자의 시작점 ❶지점을 클릭하고, 높이 "8" 입력 후 Enter, 각도 "0"을 입력하고 Enter를 누릅니다. 문자의 내용 "단면도– A"를 입력하고 Enter, 한 번 더 Enter를 눌러 작업을 완료합니다. (각도는 기본 설정이 0이므로 Enter만 눌러도 됩니다.)

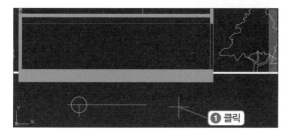
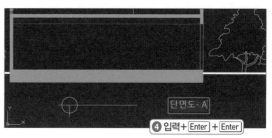

03_ 작성된 문자를 이동(M) 명령을 실행해 제목 블록 위로 보기 좋게 이동한 후 복사(CO) 명령을 실행해 다음과 같이 복사합니다.

▲ 문자 이동

▲ 문자 복사

04_ 문자의 편집

복사한 문자를 대기상태의 커서로 더블 클릭합니다. 편집이 활성화 되면 "1F- Coffee shop"으로 입력하고 Enter↵, 한 번 더 Enter↵를 눌러 작업을 완료합니다. (문자 수정은 더블 클릭이나 Textedit(ED) 명령을 실행한 후 클릭해도 됩니다.)

05_ 대기상태의 커서로 작성된 문자를 클릭하고 Ctrl + 1 을 눌러 특성을 실행합니다. 특성 창 문자에서 높이 값을 "6"으로 입력하고 Enter↵를 누릅니다.

06_ 복사(CO) 명령을 실행해 작성된 문자를 각 층에 보기 좋게 복사합니다.

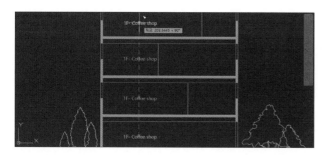

07_ 대기상태의 커서로 각 층의 명칭을 더블 클릭해 다음과 같이 수정합니다.

2F- Billiard hall, 3F- Fitness center, 4F- Office

STEP 3 · Mtext(T, MT) – 여러 줄 문자

01_ 작업 화면을 도면 우측 빈 공간으로 이동합니다. 여러 줄 문자(Mtext)의 단축키 "T" 또는 "MT"를 입력하고 [Enter↵]를 누릅니다. 현재 문자 스타일이 t1, 높이는 8로 지정됨을 확인합니다. ❸지점을 클릭하고 ❹지점을 클릭해 문자의 영역을 설정합니다.

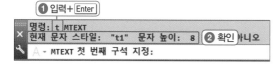

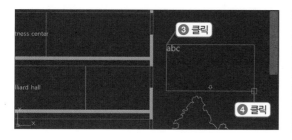 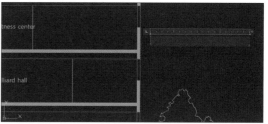

02_ 리본 메뉴에는 현재 설정된 문자 높이와 스타일, 자리맞추기 등 다양한 옵션 정보를 확인할 수 있습니다. ❶을 클릭해 문자 높이 "3"을 입력하고 [Enter↵]를 누릅니다.

03_ 다음과 같이 문자를 입력하고 작성이 끝나면 [닫기(✓)]를 클릭해 작업을 완료합니다. ([Spacebar]는 띄움, [Enter↵]는 행을 변경합니다.)

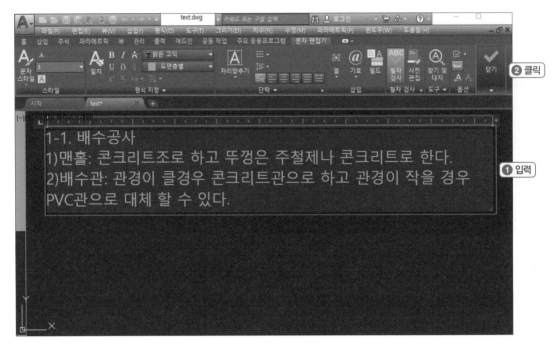

1-1. 배수공사
1)맨홀: 콘크리트조로 하고 뚜껑은 주철제나 콘크리트로 한다.
2)배수관: 관경이 클경우 콘크리트관으로 하고 관경이 작을 경우 PVC관으로 대체 할 수 있다.

CHAPTER
2 실력 점검 문제

01 제시된 도면층을 작성해 다음 도면을 작성하시오.

도면층

상	이름	켜기	동결	잠금	플롯	색상	선종류	선가중치	투명도
✓	0					□ 흰색	Continuous	—— 기본값	0
	중심선					□ 초록색	CENTER	—— 기본값	0
	문자					□ 하늘색	Continuous	—— 기본값	0
	치수					□ 빨간색	Continuous	—— 기본값	0
	외형선					□ 흰색	Continuous	—— 기본값	0

작성도면

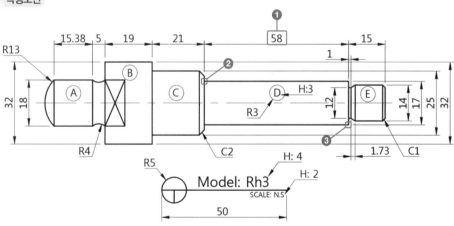

02 문제 01에서 ❶구간의 값을 65로 편집한 후 점 ❷와 ❸의 거리를 구하시오.

B와 C의 거리 : _____

3 치수 기입

도면의 치수는 크기를 파악하기 쉽고 계산하지 않고도 값을 확인할 수 있도록 부분 치수와 전체 치수를 구분해서 표기하는 것이 기본입니다.

STEP 1 · Dimension – 기본 치수 기입

01_ 기본 치수 기입

[P04/Ch03/Dim-1.dwg] 파일을 불러와 리본 메뉴의 주석을 클릭합니다. 치수 패널에서 콤보상자를 클릭하고 선형을 클릭합니다.

02_ 치수를 표시할 구간 ❶지점과 ❷지점을 클릭하고 치수의 위치 ❸지점을 클릭합니다.

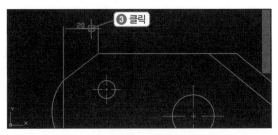

선형치수는 단축키 [DLI]로 실행이 가능합니다.

03_ [Enter↵]를 눌러 선형치수를 반복 실행합니다. 한 번 더 [Enter↵]를 눌러 '객체선택' 옵션을 적용합니다. 선분 ❸을 클릭하고 정렬 위치인 ❹지점을 클릭합니다.

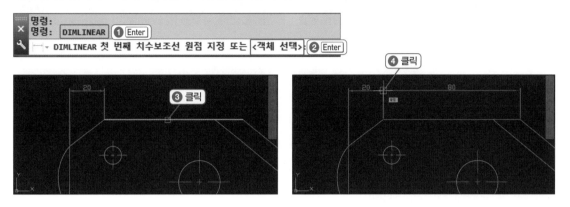

04_ 계속해서 [Enter↵]를 눌러 선형치수를 반복 실행합니다. 한 번 더 [Enter↵]를 눌러 '객체선택' 옵션을 적용합니다. 선분❶을 클릭하고 정렬 위치인 ❷지점을 클릭합니다.

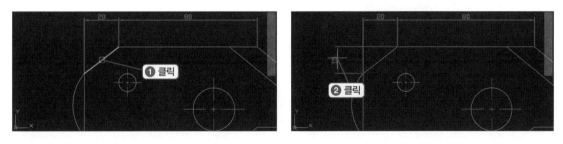

Tip

선형치수는 X축과 Y축의 거리를 기입합니다.

05_ 치수 패널에서 콤보상자를 클릭하고 정렬을 클릭합니다.

06_ 치수를 표시할 구간 ❶지점과 ❷지점을 클릭하고 치수의 위치 ❸지점을 클릭합니다.

Tip
정렬 치수는 단축키 DAL로 실행이 가능하며, 선형치수와 같이 명령 실행 후 한 번 더 Enter↵를 눌러 '객체선택' 옵션을 적용할 수 있습니다.

07_ 치수 패널에서 콤보상자를 클릭하고 각도를 클릭합니다.

08_ 각도를 표시할 선분 ❶과 ❷를 순서에 상관없이 클릭하고 치수의 위치 ❸지점을 클릭합니다.

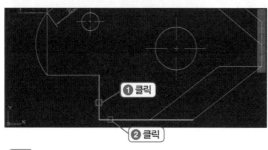 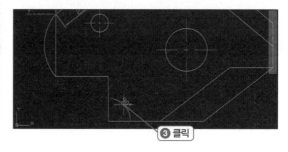

Tip
각도치수는 단축키 DAN으로 실행이 가능합니다.

09_ 치수 패널에서 콤보상자를 클릭하고 호 길이를 클릭합니다.

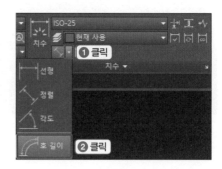

10_ 길이를 표시할 호❶을 클릭하고 치수의 위치 ❷지점을 클릭합니다.

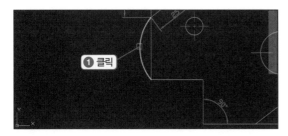 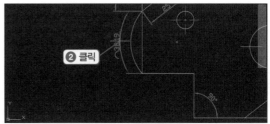

> **Tip**
> 호 길이 치수는 단축키 DAR 으로 실행이 가능합니다.

11_ 치수 패널에서 콤보상자를 클릭하고 반지름을 클릭합니다.

12_ 반지름을 표시할 원❶을 클릭하고 치수의 위치 ❷지점을 클릭합니다.

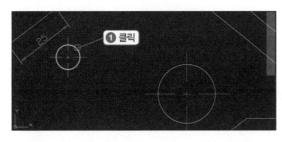 

> **Tip**
> 반지름 치수는 단축키 DRA 로 실행이 가능합니다.

13_ 치수 패널에서 콤보상자를 클릭하고 지름을 클릭합니다.

14_ 지름을 표시할 원❶을 클릭하고 치수의 위치 ❷지점을 클릭합니다.

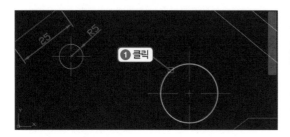 

> **Tip**
> 지름 치수는 단축키 DDI 로 실행이 가능합니다.

15_ 치수 기입의 옵션

선형치수(DLI)를 실행하고 치수를 기입할 구간 ❶지점과 ❷지점을 클릭합니다. ❸지점으로 커서를 이동해 보면 Y축 값이 표기되고 있습니다.

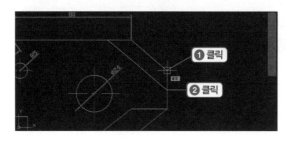 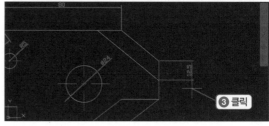

16_ 명령행에 회전 옵션 "R"을 입력하고 [Enter]를 누릅니다. 표시할 각도 ❷지점과 ❸지점을 클릭하고 치수의 위치 ❹지점을 클릭합니다.

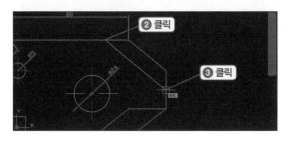
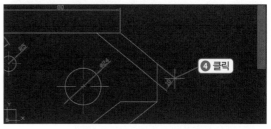

> **Tip**
> 치수 기입 명령도 다른 명령과 같이 다양한 옵션을 지원합니다.

STEP 2 · Dimension – 다양한 치수 기입

01_ 다양한 치수 기입 방법

[P04/Ch03/Dim-3.dwg] 파일을 불러와 리본 메뉴의 주석을 클릭합니다. 치수 패널에서 콤보상자를 클릭하고 선형을 클릭합니다.

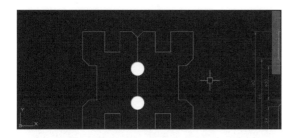

02_ 치수를 표시할 구간 ❶지점과 ❷지점을 클릭하고 치수의 위치 ❸지점을 클릭합니다.

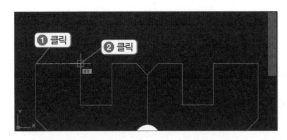 

03_ 치수 패널에서 연속 치수 ❶을 클릭합니다. ❷, ❸, ❹, ❺ 부분을 클릭하고 Enter↵를 누릅니다. 한 번 더 Enter↵를 눌러 명령을 종료합니다.

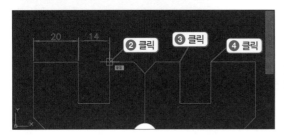 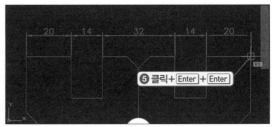

> **Tip**
> 연속 치수가 실행되면 마지막에 기입된 치수에서 연속되게 치수 기입이 가능하며, 연속되는 위치를 변경하려면 Enter↵를 누르고 이어서 기입할 치수를 클릭하면 됩니다.

04_ 선형치수(DLI)를 실행해 치수를 표시할 구간 ❶지점과 ❷지점을 클릭하고 치수의 위치 ❸지점을 클릭합니다.

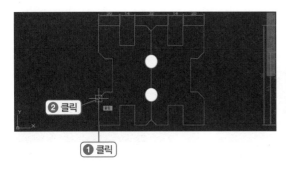 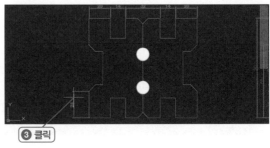

05_ 치수 패널에서 콤보상자를 클릭하고 기준선을 클릭합니다. ❸, ❹, ❺부분을 클릭하고 Enter↵를 누릅니다. 한 번 더 Enter↵를 눌러 명령을 종료합니다.

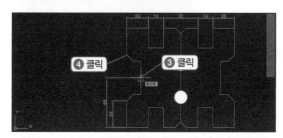

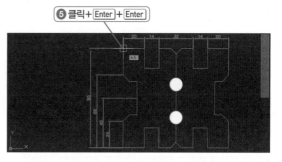

06_ 치수 패널에서 빠른작업을 클릭한 후 치수를 기입할 객체를 선택하기 위해 ❷지점과 ❸지점을 클릭하고 Enter↵를 누릅니다. 치수의 위치 ❹지점을 클릭합니다.

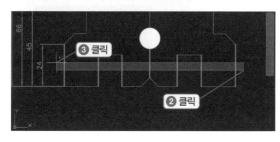

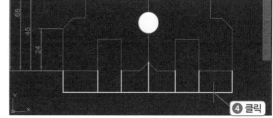

07_ 빠른 지시선(QLeader)의 단축키 "LE"를 입력하고 Enter↵를 누릅니다.

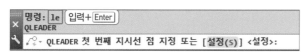

08_ 지시선의 화살표가 시작되는 ❶부분을 클릭하고 선이 꺾이는 위치 ❷지점을 클릭합니다.

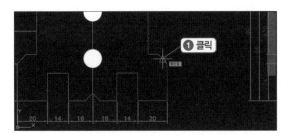 

09_ 문자가 시작될 위치 ❶지점을 클릭하고 Enter↲를 누릅니다. 다시 Enter↲를 눌러 '여러 줄 문자' 옵션을 적용합니다. 기입내용 "C6"을 입력하고 리본에서 닫기 ✔️를 클릭합니다.

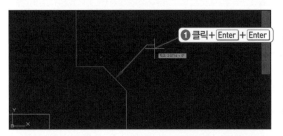 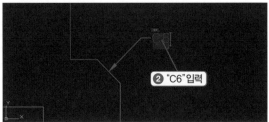

Tip

빠른 지시선 사용 시 다음과 같이 중간에 꺾지 않을 경우 ❶, ❷지점을 클릭하고 Enter↲를 3회 입력 후 문자의 내용을 입력합니다.

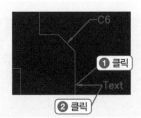

치수 편집

치수는 처음부터 적절한 크기와 모양으로 기입할 수 있지만 치수 기입 특성으로 먼저 기입한 후 편집하는 경우가 많습니다. 편집 명령을 활용하면 기입된 치수를 효율적으로 편집해 치수 기입 시간을 단축시킬 수 있습니다.

STEP 1 · Dimension edit – 치수 편집

01_ [P04/Ch04/Dim-edit.dwg] 파일을 불러와 기입된 치수를 편집하도록 하겠습니다.

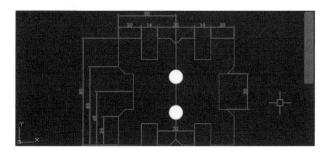

02_ 치수문자 편집(Ddedit)

우측에 기입된 선형치수 30을 Ø30으로 편집하겠습니다. 문자를 편집과 동일하게 대기상태의 커서로 치수를 더블 클릭합니다.

(치수문자의 수정은 더블 클릭이나 Textedit(ED) 명령을 실행한 후 클릭해도 됩니다.)

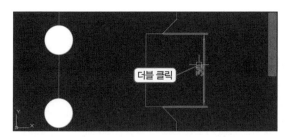
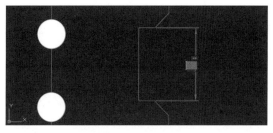

03_ 리본 메뉴 문자 편집기에서 기호를 클릭하고 지름을 클릭합니다. 편집된 문자를 확인하고 [문서 편집기 닫기 ✔️]를 클릭해 편집을 종료합니다.

Tip

특수기호

편집기의 기호에서 자주 사용되는 기호

치수 = 각도(Degrees, °), +/- = ±, 지름 = Ø를 표시하며, 우측에 표시된 %%d, %%p, %%c를 입력해도 해당 기호를 입력할 수 있습니다.

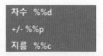

04_ 치수 편집

하단에 선형치수 32는 치수 보조선과 도면의 외형선이 겹칩니다. 보조선에 기울기를 주어 겹치는 것을 편집하겠습니다. 치수편집(DimEdit) 명령의 단축키 "DED"를 입력하고 Enter↵를 누릅니다. 기울기 옵션 "O"를 입력하고 Enter↵를 누릅니다.

05_ 편집할 치수를 클릭하고 Enter↵를 누릅니다. 기울기 각도 "80"을 입력하고 Enter↵를 눌러 작업을 완료합니다.

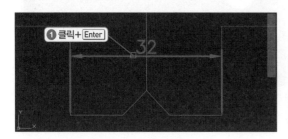 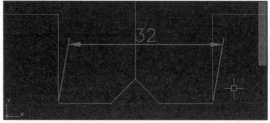

Tip

기울기 각도는 수평 0°를 기준으로 입력됩니다.

06_ 치수 끊기(Dimbreak)

상단에 기입된 선형치수 **①**은 선형치수 **②**의 보조선과 교차합니다. 치수문자의 가독성을 위해 보조선의 일부를 끊어 내겠습니다.

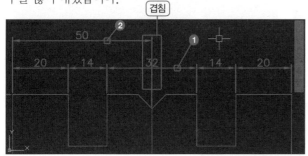

07_ [주석] 탭을 클릭하고 끊기를 클릭합니다. 끊어낼 치수를 클릭하고 Enter↵를 누릅니다.
(Dimbreak는 단축키가 없어 명령어 "DIMBREAK"를 모두 입력해야 합니다.)

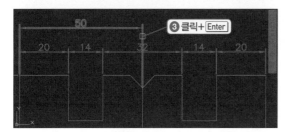

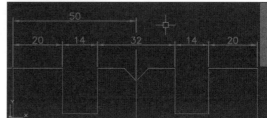

08_ 치수 축척(Dimscale)과 업데이트

치수의 크기를 변경해 보겠습니다. 명령어 "DIMSCALE"를 입력하고 Enter↵를 누릅니다. 현재 값은 1로 설정되어 있습니다. "1.5"를 입력하고 Enter↵를 누릅니다.

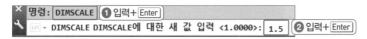

09_ 선형치수(DLI)를 실행합니다. ❶지점과 ❷지점을 클릭하고 치수의 위치 ❸지점을 클릭합니다. 앞서 기입된 치수보다 1.5배 커짐을 확인합니다.

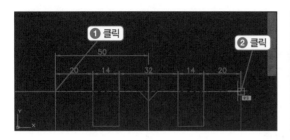 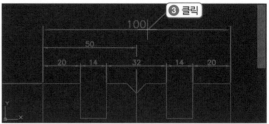

10_ 이전에 기입된 치수를 모두 1.5배 키워보겠습니다. [주석] 탭을 클릭하고 업데이트를 클릭합니다. ❸지점과 ❹지점을 클릭하고 Enter↵를 누릅니다. 업데이트로 선택된 치수는 현재 설정 값으로 업데이트됩니다.

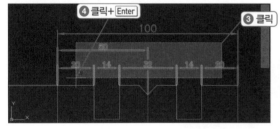 

11_ 공간조정(Dimspace)

이전에 기입된 치수와 치수 사이의 간격을 조정해 보겠습니다. [주석] 탭을 클릭하고 공간조정을 클릭합니다. 선형치수 ❸과 ❹를 클릭하고 Enter↵를 누릅니다. 간격 "7"을 입력하고 Enter↵를 누르면 간격이 조정됩니다.

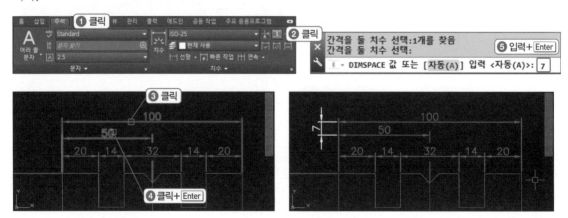

01 제시된 도면층을 사용해 다음 도면을 작성하시오.

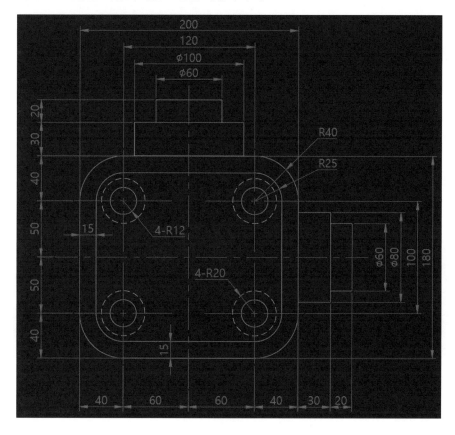

도면층

상	이름	켜기	동결	잠금	플롯	색상	선종류	선가중치
✓	0	💡	☀	🔓	🖶	☐ 흰색	Continuous	—— 기본값
➤	center	💡	☀	🔓	🖶	☐ 빨간색	CENTER	—— 기본값
➤	dim	💡	☀	🔓	🖶	☐ 빨간색	Continuous	—— 기본값
➤	hidden	💡	☀	🔓	🖶	☐ 노란색	HIDDEN	—— 기본값
➤	model	💡	☀	🔓	🖶	☐ 초록색	Continuous	—— 기본값
➤	text	💡	☀	🔓	🖶	☐ 하늘색	Continuous	—— 기본값

5 치수 스타일

치수 스타일을 설정하면 다양한 유형의 치수를 만들어 사용할 수 있으며, 사전에 기입된 치수의
편집도 쉽게 처리할 수 있습니다.

STEP 1 · Dimstyle 1 – 신규 치수 스타일 작성

01_ 기본 스타일(ISO-25)의 치수유형 확인

[P04/Ch05/Dimstyle.dwg] 파일을 불러와 리본 메뉴의 주석을 클릭합니다.

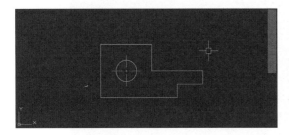

02_ 치수 패널에서 콤보상자를 클릭하고 선형을 클릭합니다. 치수를 표시할 구간 ❸지점과 ❹지점을 클릭
하고 치수의 위치 ❺지점을 클릭합니다.

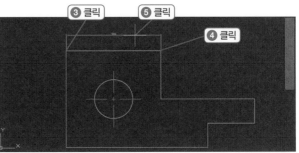

03_ 기입한 치수를 확대해 기본설정으로 기입한 치수의 특징을 살펴봅니다.

(①치수문자, ②화살표의 모양, ③객체와 치수보조선의 거리)

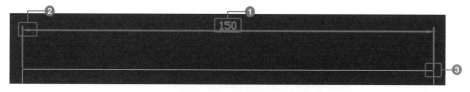

04_ 신규 치수 스타일 추가

치수 스타일(dimStyle) 명령의 단축키 "D"를 입력하고 Enter↵를 누릅니다. 대화상자에서 [새로 만들기] 버튼을 클릭하고 새 스타일의 이름을 "Dim-A"로 입력한 후 [계속] 버튼을 클릭합니다.

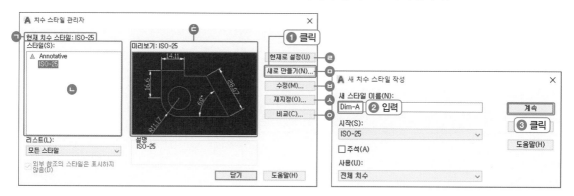

> **Tip**
>
> **치수 스타일의 기능**
>
> ㄱ 현재 치수 스타일 : 현재 지정된 치수 유형입니다.
>
> ㄴ 스타일 : 작성된 치수 스타일 목록입니다.
>
> ㄷ 미리보기 : 선택된 치수 유형 미리보기 창입니다.
>
> ㄹ 현재로 설정 : 선택된 치수 유형을 현재 유형으로 설정합니다.
>
> ㅁ 새로 만들기 : 치수 유형 새로 만들기입니다.
>
> ㅂ 수정 : 선택된 치수 유형을 수정합니다.
>
> ㅅ 재지정 : 설정 덮어쓰기(임시 치수)입니다.
>
> ㅇ 비교 : 두 개의 치수 유형을 비교합니다.

05_ 주요사항 설정

[선] 탭에서 객체와 보조선의 간격을 "3"으로 입력합니다.

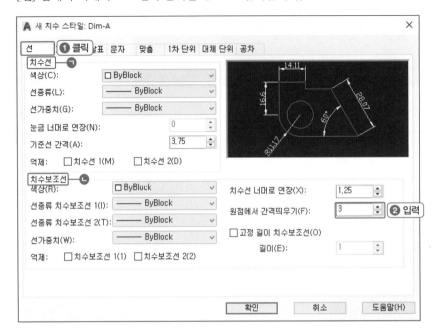

Tip

[선] 탭의 세부사항

ㄱ 치수선(Dimension lines)
- 색상(Color) : 치수선의 절대값 색을 지정(DimCLRD)
- 선종류(Line type) : 치수선의 유형을 지정(DimLTYPE)
- 선가중치(Line weight) : 치수선의 두께를 지정(DimLWD)
- 눈금 너머로 연장(Extend beyond ticks) : 치수보조선에서 돌출된 치수선의 길이를 지정(DimDLE)
- 기준선 간격(Baseline spacing) : 기준 치수 기입 시 하단의 치수선과 상단의 치수선과의 거리를 지정 (DimDLI)
- 치수선 억제(Suppress) : 좌우 치수선 생성 유무를 조정(DimSD1, DimSD2)

ㄴ 치수보조선(Extension lines)
- 색상(Color) : 치수보조선의 색을 지정(DimCLRE)
- 선종류 치수보조선 1(Line type ext line1) : 치수보조선 1의 유형을 지정(DimLTEX1)
- 선종류 치수보조선 2(Line type ext line2) : 치수보조선 2의 유형을 지정(DimLTEX2)
- 선가중치(Line weight) : 치수보조선의 두께를 지정(DimLWE)
- 억제(Suppress) : 좌우의 치수보조선 생성 유무를 조정(DimSE1, DimSE2)
- 치수선 너머로 연장(Extend beyond dim lines) : 치수선에서 돌출된 치수보조선의 길이를 지정(DimEXE)
- 원점에서 간격띄우기(Offset from origin) : 지정된 위치에서부터 치수보조선이 생성될 거리를 지정 (DimEXO)
- 고정 길이 치수보조선(Fixed length extension lines) : 치수보조선의 길이를 하단의 길이 값으로 고정 (DimFXLOM)

06_ [기호 및 화살표] 탭을 클릭하고 화살촉 모양을 건축눈금으로 변경합니다.

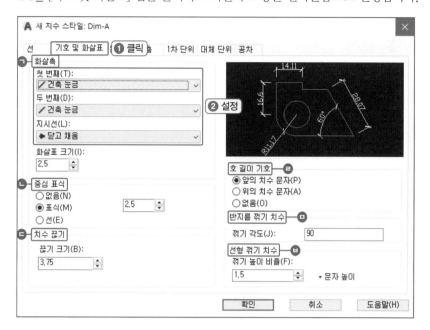

[기호 및 화살표] 탭의 세부사항

❶ 화살촉(Arrowheads)
- 첫 번째(First) : 치수선 시작 부분(위치 지정 시 첫 번째 클릭)의 화살표 모양(DimBLK1)
- 두 번째(Second) : 치수선 끝부분(위치 지정 시 두 번째 클릭)의 화살표 모양(DimBLK2)
- 지시선(Leader) : 지시선 시작 부분의 화살표 모양(Qleader(LE) 설정과 동일(DimLDRBLK)
- 화살표 크기(Arrow size) : 화살표의 크기(DimASZ)

❷ 중심 표식(Center marks) (DimCEN)
- 없음 (None) : 중심 표식을 넣지 않음
- 표식(Mark) : 중앙에 작은 십자 표식으로 표시
- 선(Line) : 선으로 길게 표시

❸ 치수 끊기(Dimension Break)
- 끊기 크기(Break size) : 치수를 끊는 교차 부분의 간격(DimBreak 명령으로 실행)

❹ 호 길이 기호(Arc length symbol)
- 앞의 치수 문자(Preceding dimension text) : 치수 문자 앞에 호의 기호를 배치
- 위의 치수 문자(Above dimension text) : 치수 문자 위에 호의 기호를 배치
- 없음(None) : 호 길이 기호를 넣지 않음

❺ 반지름 꺾기 치수(Radius jog dimension)
- 꺾기 각도(jog angle) : 반지름 치수 꺾기 각도

❻ 선형 꺾기 치수(Linear jog dimension)
- 꺾기 높이 비율(jog height factor) : 선형치수 꺾기 높이

07_ [문자] 탭을 클릭하고 문자 스타일 [...] 아이콘을 클릭합니다. [새로 만들기] 버튼을 클릭하고 "dim"을 추가합니다.

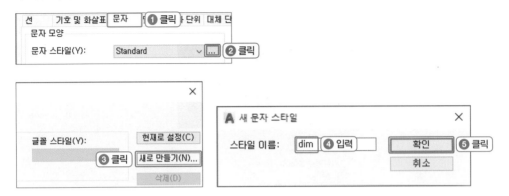

08_ 좌측에 추가된 dim을 확인합니다. dim의 글꼴은 '맑은 고딕'으로 설정하고 [적용] 버튼을 클릭, [닫기] 버튼을 클릭합니다.

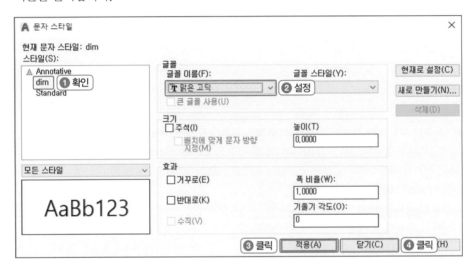

09_ 스타일 항목을 클릭하고 'dim'을 클릭합니다. 변경된 사항을 우측 미리보기에서 확인합니다.

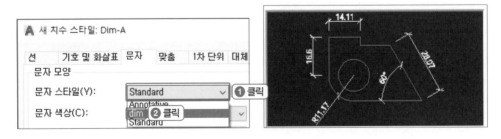

([...]은 문자 스타일(Text Style)과 동일하며 설정이 치수문자와 연동됩니다.)

10_ 문자 색상을 노란색으로 변경합니다.

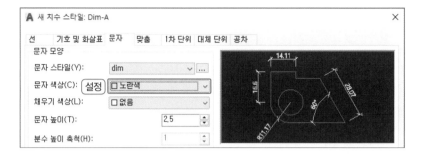

> **Tip**
>
> **[문자] 탭의 세부사항**
>
> ① 문자 모양(Text appearance)
> - 문자 스타일(Text style) : 치수 문자의 문자 스타일 설정
> - 문자 색상(Text color) : 치수 문자의 색상 설정
> - 채우기 색상(Fill color) : 치수 문자의 바탕색 설정
> - 문자 높이(Text height) : 치수 문자의 높이 설정
> - 분수 높이 축척(Fraction) : 분수 단위 표기의 높이를 설정(1차 단위를 분수로 설정해야 활성화 됨)
> - 문자 주위에 프레임 그리기(Draw frame around text) : 항목 체크 시 문자 외곽에 사각 테두리 생성
>
> ② 문자 배치(Text placement)
> - 수직(Vertical) : 수직 방향의 문자 배치 지정
> - 수평(Horizontal) : 수평 방향의 문자 배치 지정
> - 뷰 방향(View Direction) : 문자를 보는 방향 설정
> - 치수선에서 간격띄우기(Offset from dim line) : 치수선과 문자의 수직 간격 설정
>
> ③ 문자 정렬(Text alignment)
> - 수평(Horizontal) : 치수 문자를 항상 수평 정렬(DimTOH=ON, DimTIH=ON과 동일함)
> - 치수선에 정렬(Aligned with dimension line) : 치수 문자와 치수선을 평행 정렬(DimTOH=OFF, DimTIH=OFF와 동일함)
> - ISO 표준(ISO standard) : 치수 보조선 안에 문자 포함 시 치수선과 평행 정렬, 밖에 있으면 수평 정렬 (DimTOH=ON, DimTIH=OFF와 동일함)

11_ [맞춤] 탭을 클릭합니다. 치수 피처 축척의 전체 축척 사용 값을 "3"으로 입력하고 [확인] 버튼을 클릭합니다.

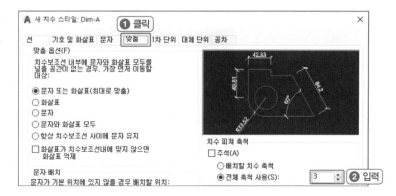

[맞춤] 탭의 세부사항

① 맞춤 옵션(Fit options)
- 문자 또는 화살표(Either text or arrows) : DimATFIT〈3〉과 동일
- 화살표(Arrows) : DimATFIT〈1〉과 동일
- 문자(Text) : DimATFIT〈2〉와 동일
- 문자와 화살표 모두(Both text and arrows) : DimATFIT〈0〉과 동일
- 항상 치수보조선 사이에 문자 유지(Always keep text between ext lines) : 치수보조선 사이의 공간이 부족할 경우 치수보조선 안에 치수 문자를 강제로 배치(DimTIX)
- 화살표가 치수보조선내에 맞지 않으면 화살표 억제(Suppress arrows if they do not fit inside extension lines) : 치수보조선 사이에 화살표를 넣을 공간이 부족할 경우 화살표 표시를 억제(DimSOXD)

② 문자 배치(Text placement)
- 치수선 옆에 배치(Beside the dimension line) : 치수보조선 사이에 문자를 넣을 공간이 부족한 경우 문자를 보조선 옆으로 내보냄(DimTMOVE〈0〉)
- 치수선 위, 지시선 사용(Over dimension line, with leader) : 치수보조선 사이에 문자를 넣을 공간이 부족할 경우 문자를 치수선 위로 지시선을 그려 내보냄(DimTMOVE〈1〉)
- 치수선 위, 지시선 없음(Over dimension line, without leader) : 치수보조선 사이에 문자를 넣을 공간이 부족할 경우 문자를 치수선 위로 지시선을 그리지 않고 내보냄(DimTMOVE〈2〉)

③ 치수 피쳐 축척(Scale for dimension features)
- 주석(Annotative) : 주석 축척 사용
- 배치할 치수 축척(Scale dimension to layout) : 배치 축척 사용
- 전체 축척 사용(Use overall scale of) : 사용할 축척을 직접 입력(DimScale)

④ 최상으로 조정(Fine tuning)
- 수동으로 문자 배치(Place text manually) : 사용자가 치수 문자의 위치를 수동으로 조정(DimUPT)
- 치수보조선 사이에 치수선 그리기(Draw dim line between ext line) : 치수 문자와 화살표가 치수보조선 밖에 위치할 경우 내부의 치수선 그리기를 설정(DimTOFL)

12_ ❶부분에서 새로 추가한 치수 스타일이 현재 설정으로 되어 있음을 확인하고 [닫기] 버튼을 클릭합니다.

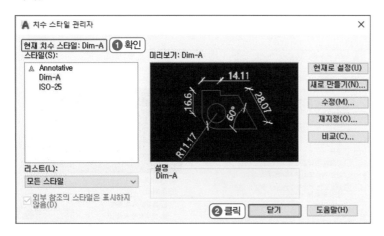

13_ 리본 메뉴의 홈 또는 주석에서 선형치수(DLI)를 클릭합니다. 치수를 표시할 구간 ❷지점과 ❸지점을 클릭하고 치수의 위치 ❹지점을 클릭합니다.

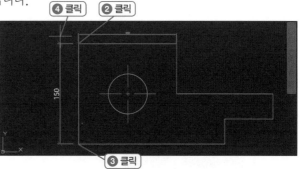

Tip

기본 설정인 ISO-25 치수 스타일을 다시 사용하려면 Dimstyle(D)설정에서 사용하고자 하는 스타일을 더블 클릭하면 현재 치수 스타일이 변경됩니다.

14_ 이전에 기입한 치수와 새로 기입한 치수를 비교해 봅니다. ①객체와 치수 보조선의 간격, ②문자의 글꼴과 색상, ③화살표, ④치수의 축척(문자 크기 등)이 다르게 설정되어 기입되었음을 확인합니다.

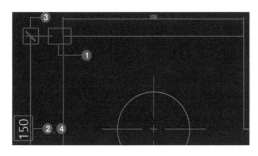

15_ 현재 치수 스타일(Dim-A)로 다음과 같이 치수를 기입해 다음 스텝을 진행합니다.

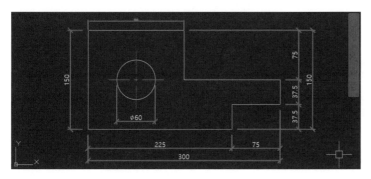

01_ 스텝1에서 작성된 치수 스타일은 수정해 보겠습니다. 치수 스타일(dimStyle) 명령의 단축키 "D"를 입력하고 Enter 를 누릅니다. Dim-A스타일을 클릭하고 [수정] 버튼을 클릭합니다.

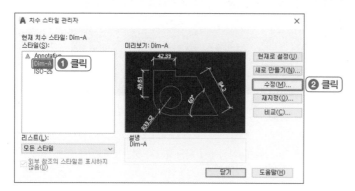

02_ [기호 및 화살표] 탭에서 화살촉 모양을 닫고 채움으로 변경합니다.

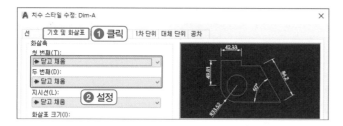

03_ [문자] 탭에서 문자 색상을 초록색으로 변경합니다.

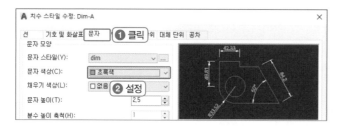

04_ [맞춤] 탭에서 전체 축척 사용 값을 "4"로 입력하고 [확인] 버튼을 클릭합니다.

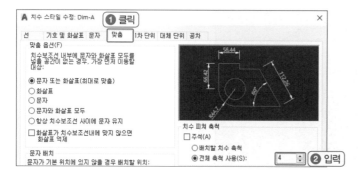

05_ 변경된 사항을 미리보기로 확인 후 [닫기] 버튼을 클릭합니다.

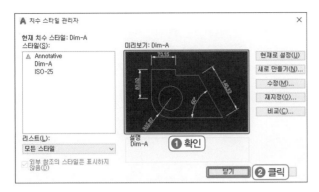

06_ Dim-A 스타일로 기입한 치수가 모두 수정됨을 확인합니다.

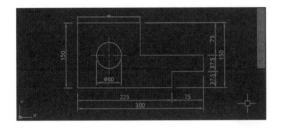

07_ Dim-A 스타일을 재지정해 치수를 기입해 보겠습니다. 치수 스타일(dimStyle) 명령의 단축키 "D"를 입력하고 Enter 를 누릅니다. Dim-A스타일을 클릭하고 [재지정] 버튼을 클릭합니다.

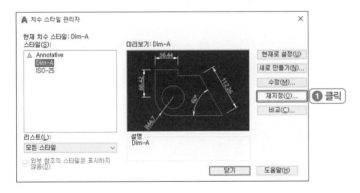

08_ [맞춤] 탭에서 전체 축척 사용 값을 "3"으로 입력하고 [확인] 버튼을 클릭합니다.

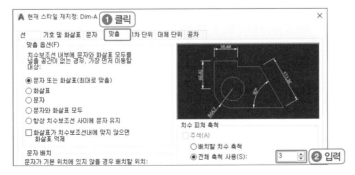

09_ Dim-A스타일의 스타일 재지정을 확인 후 [닫기] 버튼을 클릭합니다.

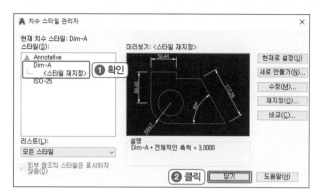

10_ 선형치수(DLI) 명령을 실행합니다. 치수를 표시할 구간 ❶지점과 ❷지점을 클릭하고 치수의 위치 ❸지점을 클릭합니다. 재지정은 수정과는 다르게 앞서 기입한 치수는 변경되지 않고 신규로 기입하는 치수에만 변경된 설정이 적용됨을 확인합니다.

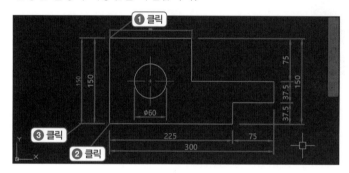

5 실력 점검 문제

01 제시된 도면층과 치수 스타일을 작성해 다음 도면을 작성하시오.

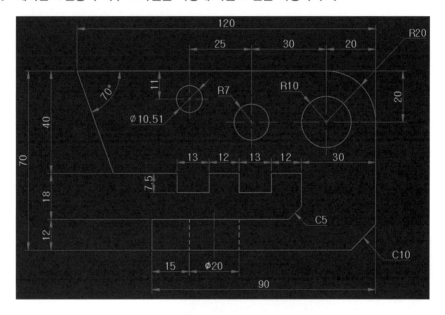

도면층

상 이름	켜기	동결	잠금	플롯	색상	선종류	선가중치
0					흰색	Continuous	기본값
center					빨간색	CENTER	기본값
dim					빨간색	Continuous	기본값
hidden					노란색	HIDDEN	기본값
model					초록색	Continuous	기본값
text					하늘색	Continuous	기본값

치수 스타일

- 스타일 이름 : DIM-A3
- 치수 문자 글꼴 : 굴림
- 치수 문자 색상 : 노랑
- 치수 전체 축척 : 1.5

6 도면의 배치와 출력

작성된 도면의 대부분은 출력하여 업무에 사용됩니다. 원활한 업무를 위해서는 목적에 맞는 도면의 배치와 정확한 출력을 할 수 있어야 합니다.

STEP 1 · Pagesetup – 페이지 설정

01_ 페이지 설정은 출력에 대한 정보를 저장합니다. [P04/Ch06/페이지 설정.dwg] 파일을 불러옵니다. 다음 도면은 용지: A3, 축척: 1/1로 작성되었습니다.

02_ 선의 가중치(굵기)를 설정하기 위해 Layer(LA) 명령을 입력하고 [Enter↵]를 누릅니다. 현재 각 도면층의 선가중치는 기본값(default)으로 설정되어 있습니다.

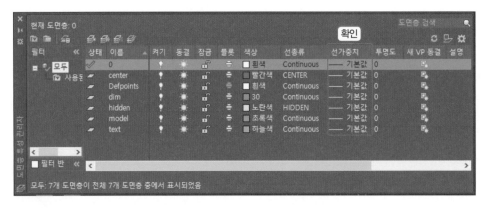

03_ center도면층을 클릭하고 [Ctrl]을 누른 상태에서 hidden도면층을 클릭합니다. 선 가중치 설정 ❸을 클릭합니다. '0.15mm'를 클릭하고 [확인] 버튼을 클릭하면 선택한 가중치가 적용됩니다.

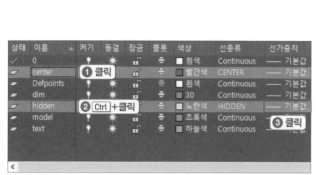
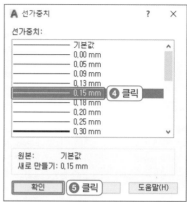

04_ model 도면층의 기본값을 클릭합니다. 0.4mm를 클릭하고 [확인] 버튼을 클릭하면 선택한 가중치가 적용됩니다.

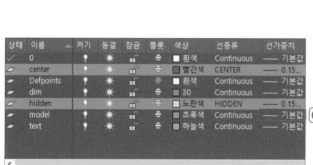
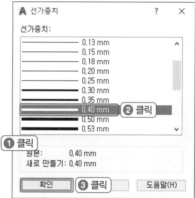

05_ 동일한 방법으로 나머지 도면층의 선가중치를 다음과 같이 설정하고 관리자 창을 닫습니다.

Tip
0번 도면층은 기본 도면층이며, Defpoints는 치수를 사용하면 생성되는 도면층입니다.

06_ [모형] 탭에서 마우스 오른쪽 버튼을 클릭하고, [페이지 설정 관리자]를 클릭합니다. [페이지 설정 관리자] 대화상자에서 [수정] 버튼을 클릭합니다.

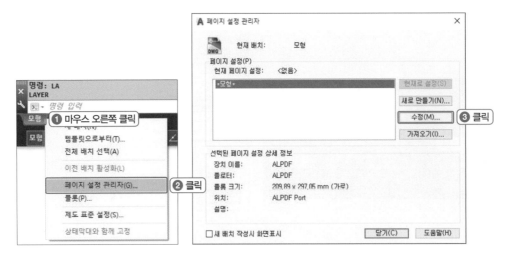

07_ 출력에 사용될 장치를 설정하기 위해 프린터/플로터의 이름을 클릭하여 PC와 연결되어 있는 프린터 모델을 클릭합니다. A3 프린터가 없으면 [DWG To PDF.PC3]을 선택합니다.

08_ 용지 크기의 콤보상자를 클릭해 [ISO 전체 페이지 A3] 용지를 클릭합니다.

09_ 플롯의 중심을 체크하고, 출력될 영역을 설정하기 위해 ❷를 클릭하고 윈도우를 클릭하면 작업 화면으로 전환됩니다. ❹지점을 클릭하고 ❺지점을 클릭합니다.

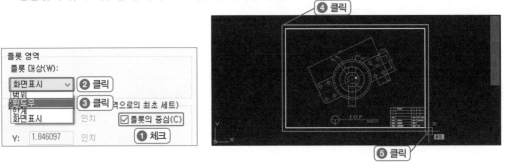

10_ 용지에 맞춤을 해제하고 축척 1/1을 설정합니다. 플롯 스타일 테이블에서 ❸을 클릭해 모든 선이 검정으로 출력되도록 [monochrome.ctb]를 클릭합니다.

 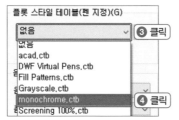

> **Tip**
> 'monochrome.ctb'는 작성된 색상을 모두 검정색으로 출력하고 'acad.ctb'를 선택하면 작성된 색상 그대로 출력합니다.

11_ 마지막으로 도면 방향을 [가로]로 설정하고 [미리보기] 버튼을 클릭합니다.

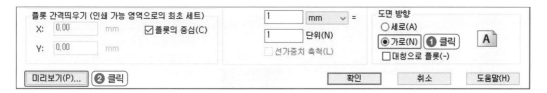

12_ 도면층에서 설정된 선의 가중치(굵기)를 확인하기 위해 확대하면 model도면층의 선과 다른 선의 두께가 비교됩니다. [ESC]를 누르고 [확인] 버튼을 클릭합니다. [페이지 설정 관리자] 대화상자에서 [닫기] 버튼을 클릭하면 설정된 사항이 기본값으로 저장됩니다. 현재 파일을 유지한 상태로 스텝2에서 계속 진행합니다.

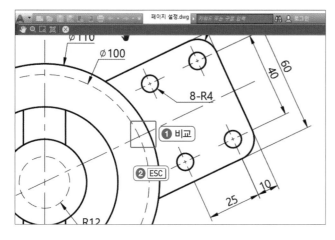 

> **Tip**
> 페이지 설정은 출력 설정을 저장하는 기능이며 출력하기 위해 필수적으로 설정하는 것은 아닙니다.

01_ 스텝1에서 설정한 페이지 설정을 출력해보겠습니다.

[Plot(⌈Ctrl⌉+⌈P⌉)] 명령을 입력하고 ⌈Enter.⌉를 누르거나 신속접근 도구막대의 [플롯 🖬]을 클릭합니다.

02_ 플롯 설정 창을 살펴보면 PageSetup에서 설정한 내용이 그대로 표시됨을 알 수 있습니다. [확인] 버튼을 클릭해 출력합니다. PDF파일 출력인 경우 저장 경로와 파일명을 입력합니다.

(출력 사항을 변경할 수 있으며, 출력 영역 또한 플롯 영역의 [윈도우]를 클릭해 영역을 변경할 수 있습니다.)

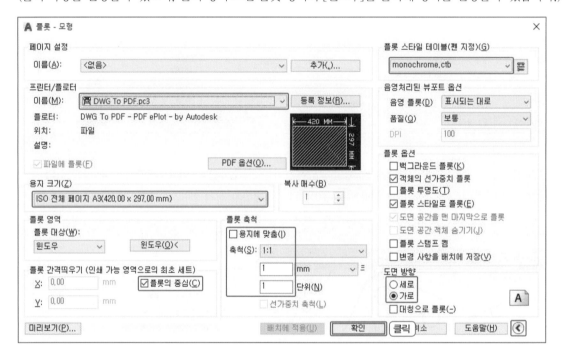

Tip

우측의 추가 설정이 나타나지 않을 경우 우측 하단에 [추가 옵션 ⊙]을 클릭합니다. 스텝1의 페이지 설정 없이 플롯으로 설정 후 출력할 수 있습니다.

03_ 출력된 도면 또는 PDF 파일에서 선 가중치를 확인합니다.

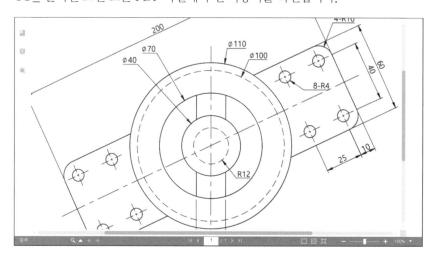

01_ 레이아웃 공간을 활용하면 좀 더 효과적이고 다양한 도면 배치가 가능합니다. [P04/Ch06/Layout. dwg] 파일을 불러와 다음과 같이 화면에 준비합니다. 좌측 하단에 있는 [배치1] 탭을 클릭해 Layout 공간으로 이동합니다.

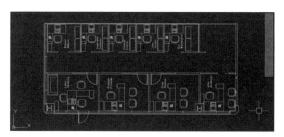

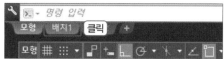

02_ [배치1] 공간으로 이동하면 설정된 용지의 영역에 모형 공간에서 작성된 도면이 자동으로 배치됩니다. 자동으로 만들어진 뷰(Mview)를 클릭하고 Delete 를 눌러 삭제합니다.

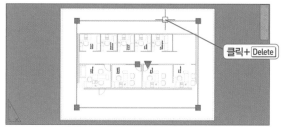

Tip

배치1 공간의 페이지 설정은 모형 공간에서의 페이지 설정과 동일합니다.

03_ 모형 공간과 유사한 환경으로 설정하기 위해 [Options(OP)] 명령을 입력하고 Enter┛를 누릅니다. [화면표시] 탭의 '배치 요소'에서 [인쇄 가능 영역 표시], [용지 배경 표시]의 체크를 해제하고 [색상] 버튼을 클릭합니다.

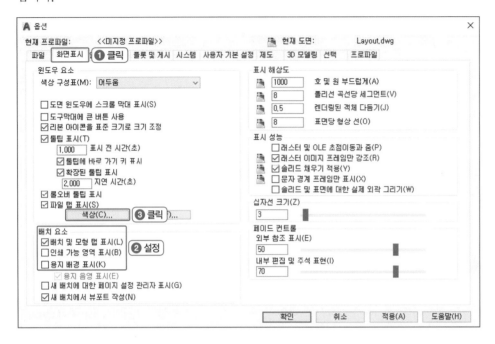

04_ 색상에서 배경색을 모형 공간과 같은 [검은색]을 클릭하고 [적용 및 닫기] 버튼을 클릭한 후 [옵션] 대화 상자에서 [확인] 버튼을 클릭합니다. 모형 공간과 유사한 환경으로 변경됩니다.

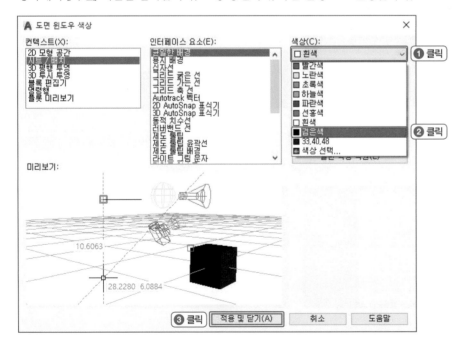

05_ 삽입(Insert) 명령의 단축키 "I"를 입력하고 Enter⏎를 누릅니다. [찾아보기] 버튼을 클릭하고 예제파일 [P04/Ch06/Sheet.dwg]를 불러와 [확인] 버튼을 클릭합니다.

06_ 적절한 위치를 클릭해 시트를 삽입합니다.

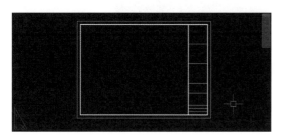

07_ 모형 공간에 작성된 도면을 배치하기 위해 뷰 삽입(Mview)의 단축키 "MV"를 입력하고 Enter⏎를 누릅니다. 4개의 뷰를 구성하기 위해 옵션 "4"를 입력하고 Enter⏎를 누릅니다. ❸지점을 클릭하고 ❹지점을 클릭하면 해당 영역에 4개의 뷰가 생성됩니다.

08_ 생성된 뷰의 외곽선을 대기상태의 커서로 클릭하면 4개의 뷰가 각각 분리된 것을 확인할 수 있습니다. ESC를 눌러 선택을 해제합니다.

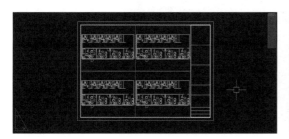

09_ "Mspace(MS)" 명령을 입력하고 [Enter↵]를 누릅니다. 명령이 실행되면 창 하나가 외곽이 강조되며 활성화 되며, 활성화된 뷰는 화면과 축척 변경이 가능함을 뜻합니다. 커서를 이동해 다른 창 안쪽을 클릭하면 활성화 위치를 변경할 수 있습니다. 좌측 하단을 클릭해 활성화 합니다.

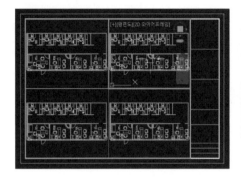 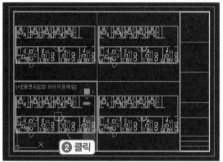

10_ 활성화된 뷰에서 마우스 휠을 위, 아래로 돌리면 해당 뷰만 확대, 축소되며 휠을 누른 상태로 드래그 하면 뷰의 위치를 변경할 수 있습니다. 뷰를 그림과 같이 확대해 배치합니다.

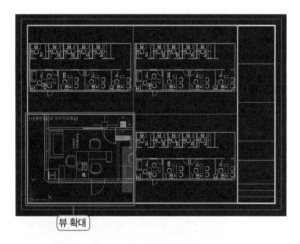

11_ 뷰 ❶을 클릭해 활성화하고 그림과 같이 확대해 배치합니다. 뷰 ❷를 클릭해 동일한 방법으로 그림과 같이 확대해 도면을 배치합니다.

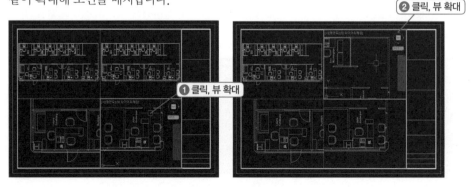

12_ 적절한 배치를 한 후 "Pspace(PS)" 명령을 입력하고 [Enter]를 누릅니다. 명령이 실행되면 처음 상태인 모든 창이 비활성화된 종이 공간으로 변경됩니다.

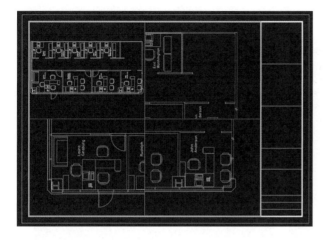

Tip
    Pspace(PS) 명령으로 종이 공간이 되면 모든 뷰의 외곽이 가늘게 표현되고 마우스 휠을 돌리면 배치 공간이 확대 및 축소됩니다.

13_ 뷰의 축척을 설정하기 위해 대기상태의 커서로 ❶지점을 더블 클릭합니다.

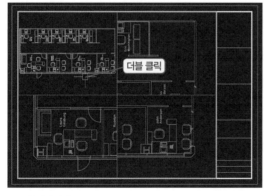

▲ 비활성화 상태

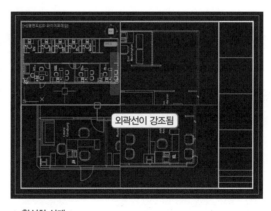

▲ 활성화 상태

Tip
    위 작업에서와 같이 Mspace(MS), Pspace(PS) 명령은 더블 클릭으로 실행할 수 있습니다.

14_ "Zoom(Z)" 명령을 입력하고 [Enter↵]를 누른 후, "1/100xp"를 입력하고 [Enter↵]를 누릅니다. 뷰가 축척 '1/100'로 조정됩니다. ❸부분에서 휠을 꾹 누른 상태로 드래그하여 그림과 같이 도면의 좌측 부분이 모두 보여지도록 배치합니다.

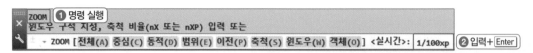

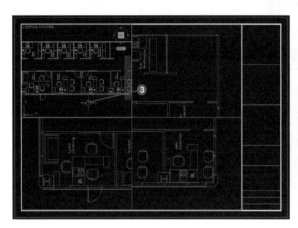
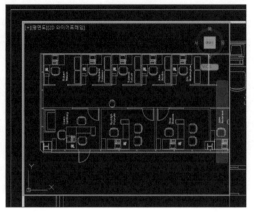

Tip
가려진 도면의 우측은 이후 뷰의 크기를 조절하면 나타납니다.

15_ 오른쪽 상단 뷰를 클릭해 활성화합니다. Zoom(Z) 명령을 입력하고 [Enter↵]를 누른 후, 명령행에 "1/50xp"를 입력하고 [Enter↵]를 누릅니다. 휠을 꾹 누른 상태로 드래그하여 뷰 중앙에 오도록 배치합니다.

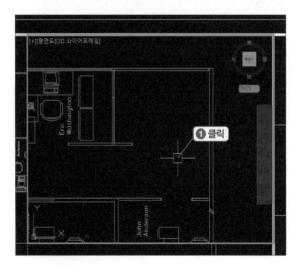

16_ 동일한 방법으로 뷰 ❶과 ❷도 축척 1/50로 설정합니다. 뷰의 크기를 조정하기 위해 "Pspace(PS)" 명령을 입력하고 Enter↵를 누릅니다.

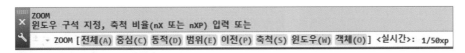

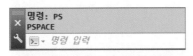

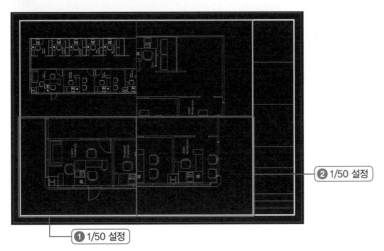

❷ 1/50 설정

❶ 1/50 설정

17_ 대기상태의 커서로 뷰의 외곽 ❶지점을 클릭하면 파란색 Grip(조절점)이 나타납니다. Grip ❷, ❸, ❹, ❺를 각각 클릭해 뷰의 크기를 다음과 같이 조정합니다. (뷰의 이동 및 복사 등 편집과 크기 조정은 비활성화 상태에서만 가능합니다.)

❺ 클릭   ❶ 클릭   ❷ 클릭

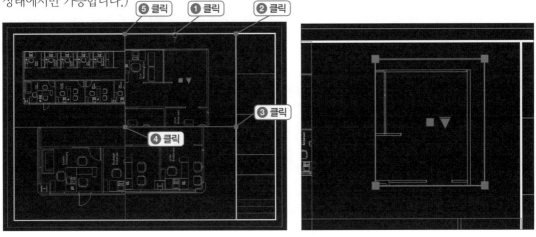

❸ 클릭

❹ 클릭

Tip
조정이 잘 안되면 Osnap(F3)과 Ortho(F8)을 OFF한 후 조정 위치를 클릭합니다.

18_ 동일한 방법으로 뷰 **①**, **②**, **③**의 크기를 필요한 부분만 나타나도록 그림과 같이 설정하고 [Move(M)] 명령을 실행합니다. 뷰의 외곽을 선택해 보기 좋게 이동시킵니다.

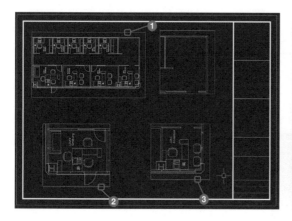
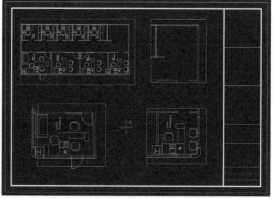

19_ [Layer(LA)] 명령을 실행합니다. [MView] 도면층을 추가하고 선홍색으로 설정합니다.

20_ 대기상태의 커서로 뷰 **①**, **②**, **③**, **④**를 클릭해 도면층을 View 도면층 **⑥**으로 변경합니다. 이후 **⑦**부분을 클릭해 View 도면층을 동결시켜 뷰의 외곽선이 보이지 않게 합니다.

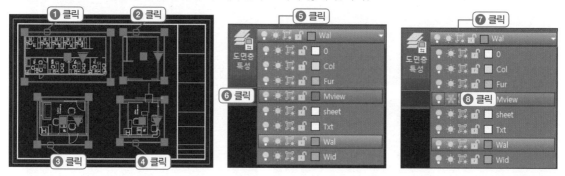

21_ Mview 도면층을 동결시키면 뷰를 나타내는 외곽의 사각형은 숨겨지고 뷰 내부의 도면만 보이게 됩니다. 다음과 같이 도면의 제목을 Dtext(DT) 명령으로 작성해 작업을 완료합니다.

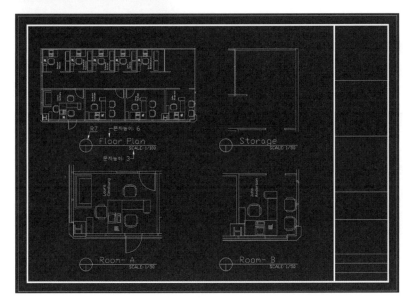

Tip
도면의 제목 표기는 뷰가 비활성화(PS)된 상태에서 작성합니다.

01 제시된 도면층을 구성해 도면을 작성해 PDF파일로 출력(A4, S:1/2)하시오.

- 치수, 문자, 표제란 등 주어지지 않은 사항은 작업자가 임의로 설정
- 도면에 도면층 표기할 것

상태	이름	켜기	동결	잠금	플롯	색상	선종류	선가중치
✓	0					☐ 흰색	Continuous	——— 기본값
	cen					☐ 빨간색	CENTER	——— 0.15 mm
	Defpoints					☐ 흰색	Continuous	——— 기본값
	dim					☐ 30	Continuous	——— 0.20 mm
	hat					☐ 253	Continuous	——— 0.05 mm
	hid					☐ 파란색	HIDDEN	——— 0.15 mm
	sec					☐ 노란색	Continuous	——— 0.40 mm
	txt					☐ 하늘색	Continuous	——— 0.20 mm
	vis					☐ 초록색	Continuous	——— 0.30 mm

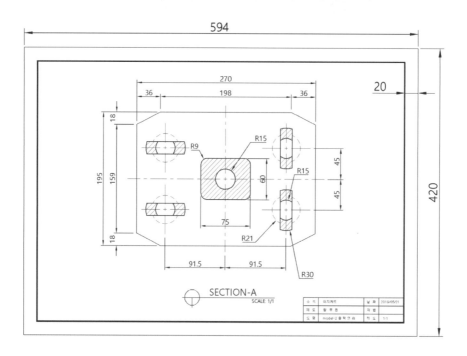

P A R T

05

기출복원문제

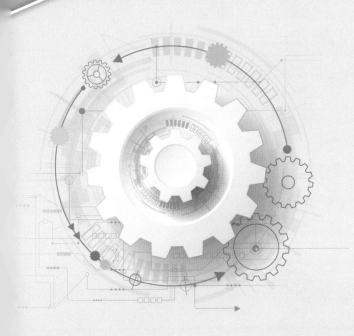

자격명	AutoCAD Certified User
시험시간	75분
문항	30문항(1000점 만점, 700점 이상 합격)

01 그립(Grip)을 클릭해 사용할 수 없는 기능은 무엇입니까?

A) 이동

B) 회전

C) 축척

D) 대칭

E) 배열

풀이

대기 상태의 커서로 객체 ❶을 클릭하면 파란 그립이 표시됩니다. 그립 ❷를 클릭하고 마우스 오른쪽 버튼을 클릭하면 사용 가능한 기능이 표시됩니다.

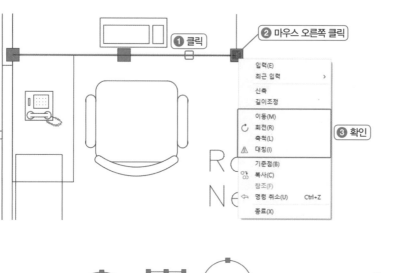

▲ 일반 객체의 그립　　　　　　　　　▲ 폴리선 객체의 그립

02 ① 표시된 치수를 기반으로 원에 접하는 정오각형을 다음과 같이 작성합니다.

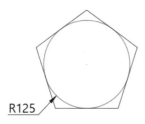

R125

② 정오각형의 면적은 얼마입니까?

##.##

＊ ##.## : 값은 버림하여 소수점 두 자리까지만 입력

풀이

1. 원(C) 그리기 명령으로 반지름이 125인 원을 그립니다.

2. 다각형(POL) 명령으로 원에 외접하는 정오각형을 그립니다.

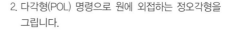

```
명령: C CIRCLE
원에 대한 중심점 지정 또는 [3점(3P)/2점(2P)/Ttr - 접선 접선
반지름(T)]:
원의 반지름 지정 또는 [지름(D)] <10.0000>: 125
명령 입력
```

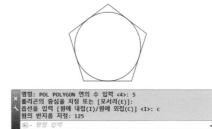

```
명령: POL POLYGON 면의 수 입력 <4>: 5
폴리곤의 중심을 지정 또는 [모서리(E)]:
옵션을 입력 [원에 내접(I)/원에 외접(C)] <I>: c
원의 반지름 지정: 125
명령 입력
```

3. List(LI) 명령을 실행합니다. 조회할 개체 **❶**을 클릭하고 Enter 를 누릅니다. 조회 창에서 면적 값을 Ctrl + C 로 복사합니다. 답안에 Ctrl + V 로 붙여넣기 후 소수점 두 자리까지 표기해야하므로 "56761.13"을 입력합니다.

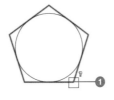

❶

```
명령: li LIST
객체 선택: 1개를 찾음
객체 선택:
                        LWPOLYLINE
                  핸들 = 1d00
          닫힘
  상수 폭    0.0000
     면적     56761.1350
     둘레      908.1782
```

```
명령: LI LIST
LIST 객체 선택:
```

정답   **01.** E) 배열   **02.** 56761.13

03 작성된 개체의 크기를 비례적으로 늘리거나 줄일 수 있는 수정 명령은 무엇입니까?

A) 연장(Extend) 명령
B) 축척(Scale) 명령
C) 신축(Stretch) 명령
D) 길이조정(Lengthen) 명령
E) 정렬(Align) 명령

> **풀이**
>
> A) 연장(Extend) 명령 : 선이나 호를 다른 개체의 모서리와 만나도록 연장
> B) 축척(Scale) 명령 : 개체의 비율을 동일하게 유지하면서 확대 또는 축소
> D) 길이조정(Lengthen) 명령 : 선이나 호의 길이를 입력한 값으로 조정
> E) 정렬(Align) 명령 : 이동 및 회전시켜 다른 개체에 정렬

04 좌측에 표시된 객체 스냅의 기호와 우측에 표시된 위치를 연결하세요.

객체스탭 기호	지정 위치
① □ •	• Ⓐ 접점(Tangent)
② △ •	
③ ○ •	• Ⓑ 사분점(Quadrant)
④ ⊠ •	
⑤ ◇ •	• Ⓒ 평행(Parallel)
⑥ ✕ •	
⑦ ⸱⸱ •	• Ⓓ 근처점(Nearest)
⑧ ⅃ •	
⑨ ⌐ •	• Ⓔ 교차점(Intersection)
⑩ ⍉ •	
⑪ ⋈ •	• Ⓕ 노드(Node)
⑫ ⊠ •	
⑬ ∥ •	• Ⓖ 직교(Perpendicular)
	• Ⓗ 연장선(Extension)

> **풀이**
>
> 객체 스냅 모드
>
> □ □끝점(E)   ⸱⸱ □연장선(X)   ⊠ □노드(D)   ⊠ □가상 교차점(A)
>
> △ □중간점(M)   ⅃ □삽입점(S)   ◇ □사분점(Q)   ∥ □평행(L)
>
> ○ □중심(C)   ⌐ □직교(P)   ✕ □교차점(I)
>
> ○ □기하학적 중심(G)   ⍉ □접점(N)   ⋈ □근처점(R)

05 ① Q4.dwg 파일을 엽니다.

② 데스크의 중심을 기준으로 의자를 대칭으로 복사해 그림과 같이 완성합니다.

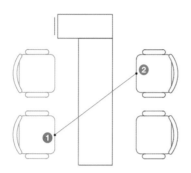

③ 점 ❶(중간점)과 ❷(중간점) 사이의 거리는 얼마입니까?

 ##.##

> **풀이**

1. 대칭(MI) 명령을 실행해 우측의 의자 2개를 좌측으로 대칭 복사합니다.

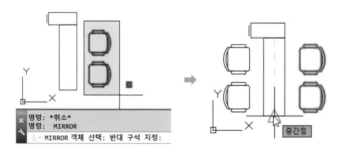

2. DIST(DI) 명령을 실행해 ❶지점과 ❷지점을 클릭합니다. 소수점 두 자리까지 표기해야하므로 "1636.68"을 입력합니다.

06 ① Q6.dwg 파일을 엽니다.

② 기어의 중심점을 기준으로 동일한 간격으로 기어의 이를 10개 만듭니다.

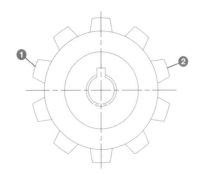

③ 기어 이의 중간점 ❶과 중간점 ❷ 사이의 거리는 얼마입니까?

###.##

풀이

1. Array(AR) 명령을 실행합니다. 원형 배열 옵션(PO)을 입력하고 기어의 중심을 기준으로 기어의 이를 10개 배열합니다.

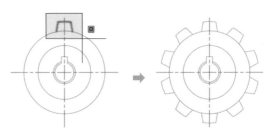

2. Dist(DI) 명령을 실행합니다. ❶지점(중간점)과 ❷지점(중간점)을 클릭해 거리 값을 확인합니다.

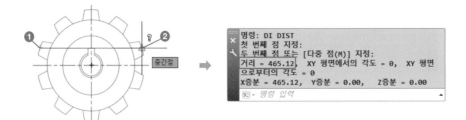

07 현재 작성 중인 도면은 모든 객체가 A도면층에서 색상을 ByLayer로 설정하여 작성되었다. 이 도면을 도면층 특성 관리자(Properties)에서 도면층의 색상을 변경하면 작성된 객체는 어떻게 됩니까?

A) 해당 도면층에 있는 모든 객체의 색상이 변경됩니다.

B) 특성 설정 이후 도면에 작성하는 객체만 색상이 변경됩니다.

C) 선택한 모든 객체의 색상이 변경됩니다.

D) 사각형(Rectang), 다각형(Polygon) 등 폴리선에는 아무런 영향이 없습니다.

> **풀이**
>
> A도면층에서 설정된 색상이 빨간색이고, 이 도면층의 색상을 ByLayer로 설정하였다면 작성된 모든 객체의 색상은 빨간색입니다. 이후 도면층 특성 관리자에서 도면층의 색상을 파란색으로 변경하면 이전에 작성한 객체는 변화가 없고 앞으로 작성되는 객체의 색상은 파란색으로 작성됩니다.

▲ A도면층, ByLayer로 작성

▲ 색상 변경과 이미 작성된 객체와는 무관

08 ① Q8.dwg 파일을 엽니다.

② Arch 치수 스타일을 사용하여 표시된 부분과 같이 벽 안쪽 치수를 작성합니다.

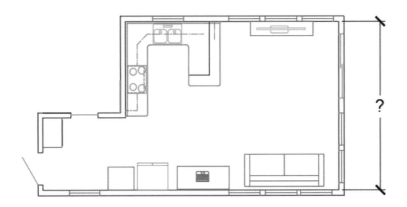

③ 치수의 값은 얼마입니까?

###.##

1. [주석] 탭의 [확장] 버튼을 클릭하고 치수 스타일을 클릭합니다.
   (Dimstyle 명령의 단축키(D)를 입력해도 됩니다.)

2. 스타일 목록에서 Arch 항목을 더블 클릭하거나 클릭 후 [현재로 설정] 버튼을 클릭하고 [닫기]를 클릭합니다.

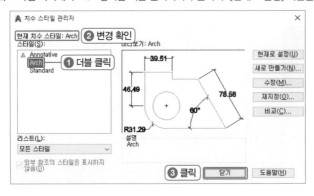

3. 선형치수(DLI)를 실행해 치수를 기입하고 값을 확인합니다.

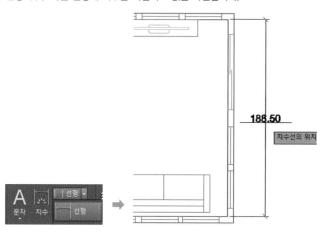

09 ① Q9.dwg 파일을 엽니다. A, B, C영역의 외곽선은 폴리선으로 작성되었습니다.

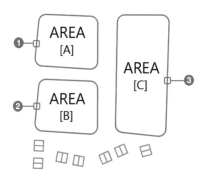

② A, B, C 지역에 외곽선 ❶, ❷, ❸을 따라 울타리를 쳐야 합니다.

③ 필요한 울타리의 총 길이는 얼마입니까?

	###.##

풀이

1. Ctrl + 8 을 눌러 계산기를 실행합니다.

2. List(LI) 명령을 실행합니다.

3. 조회할 개체 ❶을 클릭하고 Enter 를 누릅니다.
   List 조회 창에서 둘레 92.7878을 확인합니다.

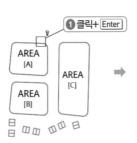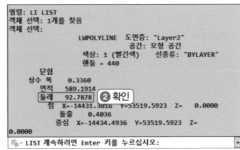

4. 2~3과정과 동일한 방법으로 B, C 영역을 조회하고 계산기를 사용해 각 둘레의 합을 구합니다. (계산기에 값을 입력할 때는 조회 창에서 값을 Ctrl + C 로 복사해 Ctrl + V 로 붙여넣기 합니다.)

소수점 두 자리까지 표기해야하므로 "326.55"를 입력합니다.

⑩ 오토캐드에서 사용되는 좌표의 입력 방법과 정의를 연결합니다.

[방법]   [정의]

① 절대좌표 •   • Ⓐ 원점을 기준으로 X축과 Y축의 위치를 측정한 거리

② 상대좌표 •   • Ⓑ 고정된 지점에서부터 입력한 각도의 거리

③ 극좌표 •   • Ⓒ 이전좌표에서 지정한 위치인 현재 위치를 기준으로 측정한 거리

풀이

① 절대좌표

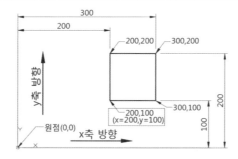

② 상대좌표

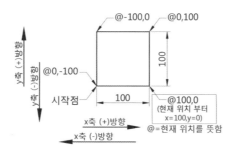

③ 극좌표

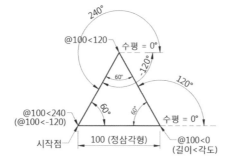

정답 **10.** ①-Ⓐ, ②-Ⓒ, ③-Ⓑ

⑪ ① Q11.dwg 파일을 엽니다. 디자인 프로파일 **❶**을 안쪽으로 20만큼 간격 띄우기를 합니다.

② 내부 프로파일 **❷**의 면적은 얼마입니까?

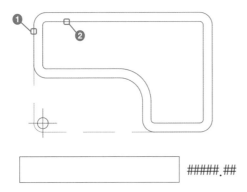

	#####.##

풀이

1. 간격띄우기(O) 명령을 실행합니다. 프로파일 **❶**을 안쪽으로 20만큼 간격 띄우기를 합니다.

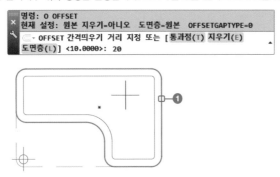

2. List(LI) 명령을 실행합니다.

```
명령: LI LIST
LIST 객체 선택:
```

3. 조회할 개체 **❷**를 클릭하고 Enter 를 누릅니다.
   List 조회 창에서 면적 52851.84를 확인합니다.

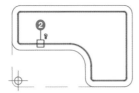
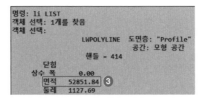

⑫ 다음 보기는 원 ❶이 원❷와 중심이 같은 동심을 이루도록 이동하는 방법을 나열한 것입니다. 객체 스냅의 모든 항목이 켜진 상태에서 해당되는 항목을 모두 선택하십시오. (1눈금=1)

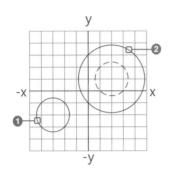

A) 원 ❶을 선택한 후 이동을 사용
B) 원 ❶을 선택한 후 축척을 사용
C) 원 ❶을 선택한 후 그립을 사용
D) 원 ❶을 선택한 후 결합을 사용
E) 원 ❶을 선택하기 전에 이동을 사용

풀이

B)항목의 축척(Sclae)은 객체의 크기를 변경하며, D)항목의 결합(Join)은 선이나 호 객체를 붙여 하나로 연결합니다.

⑬ 다음 중 선 ❶의 정확한 길이를 확인할 수 있는 방법은 무엇입니까?
각 항목에 대한 물음에 답하시오. (예, 아니오 체크)

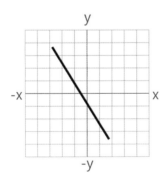

[활용 방법]	[예]	[아니오]
거리 명령(Dist) 사용	○	○
조회 명령(List) 사용	○	○
정렬치수 작성	○	○
선형치수 작성	○	○

정답   **11.** 52851.84   **12.** A, C, E

1. 거리 명령(Dist) 사용 : 두 점 간의 거리와 각도 등을 측정

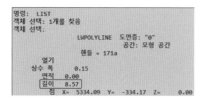

2. 조회 명령(List) 사용 : 선택한 객체의 길이, 둘레, 면적 등을 확인

3. 정렬치수 작성   4. 선형치수 작성

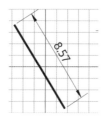   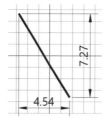

⑭ ① Q14.dwg 파일을 엽니다.

② 지시선으로 표시된 선분 A, B의 선 종류를 ByLayer로, 도면층은 shelf로 변경합니다.

③ 제시된 5개의 선 종류 중 해당되는 것은 무엇입니까?

❶ _____

❷ - - - - - - - - - - - - - - -

❸ ___ _ ___ _ ___ _ ___ _ ___

❹ ....

❺ ___ _ _ ___ _ _ ___ _ _ ___

풀이

1. 도면층 및 특성을 변경할 선을 선택

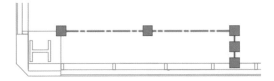

2. 도면층 콘트롤 패널에서 shelf도면층을 선택

3. 특성 패널의 선 종류에서 ByLayer를 선택

⓯ ① Q15.dwg 파일을 엽니다.

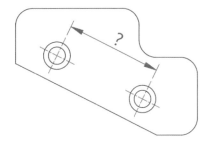

② 작성된 치수 스타일 중 Dim1 치수 스타일을 사용해 치수를 작성합니다.

③ 작성된 치수의 값은 얼마입니까? [ ] ###.##

정답 | **13.** [활용 방법]

	[예]	[아니오]
거리 명령(Dist) 사용	●	○
조회 명령(List) 사용	●	○
정렬치수 작성	●	○
선형치수 작성	○	●

14. ❶

1. [주석] 탭의 [확장] 버튼을 클릭하고 치수 스타일을 클릭합니다.
   (Dimstyle 명령의 단축키(D)를 입력해도 됩니다.)

2. 스타일 목록에서 Dim1 항목을 더블 클릭하거나 클릭 후 [현재로 설정] 버튼을 클릭하고 [닫기]를 클릭합니다.

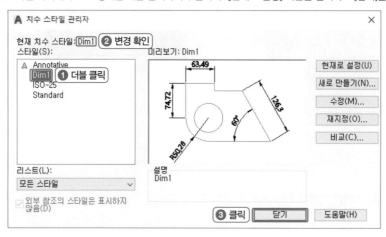

3. 정렬치수(DAL)를 실행해 치수를 기입하고 값을 확인합니다.

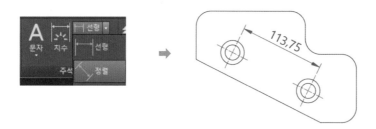

16 ① Q16.dwg 파일을 엽니다.

② 부품의 절단면 표현을 위해 축척이 1.5인 ANSI31 패턴을 다음과 같이 추가합니다.

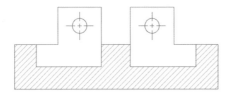

③ 패턴의 면적은 얼마입니까?

1. Hatch(H) 명령을 실행합니다.

2. ANSI31 패턴을 클릭하고 축척은 "1.5"를 입력합니다.

3. 해당 영역을 클릭해 패턴을 넣습니다.

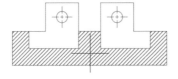

4. 대기상태의 커서로 패턴을 클릭하고 Ctrl+1(PR)을 누릅니다. 특성 창 하단 형상의 면적을 확인합니다.

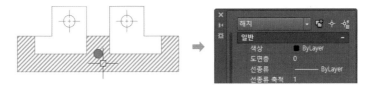

⑰ ① Q17.dwg 파일을 엽니다.

② 문 안쪽 패턴을 배치하려면 door pattern 블록의 중심을 문 가운데 중심에 오도록 삽입합니다.

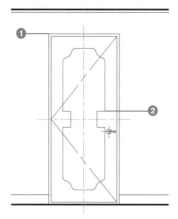

③ 점 ❶과 ❷ 사이의 거리는 얼마입니까?

####.####

풀이

1. Line(L) 명령을 실행해 블록을 삽입할 중심을 표시합니다.

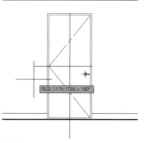

2. Insert(I) 명령을 실행해 door pattern 블록을 문 중심에 삽입합니다.

3. Dist(DI) 명령을 실행합니다. ❶지점과 ❷지점을 클릭해 거리 값을 확인합니다.

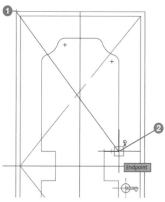

```
명령: DI DIST
첫 번째 점 지정:
두 번째 점 또는 [다중 점(M)] 지정:
거리 = 1192.0151,  XY 평면에서의 각도 = 307,  XY 평면으로부터
의 각도 = 0
X증분 = 720.0000,  Y증분 = -950.0000,  Z증분 = 0.0000
▶- 명령 입력                                              ▲
```

18 ① Q18.dwg 파일을 엽니다.

② 사무실 수납장 하나를 아래로 1,000 거리에 복사합니다.

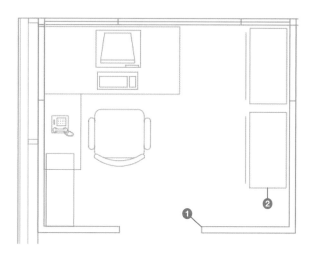

③ 점 ❶과 ❷(중간점) 사이의 거리는 얼마입니까?

###.##

1. Copy(CO) 명령을 실행해 수납장을 선택하고 아래로 1,000 거리에 복사합니다.

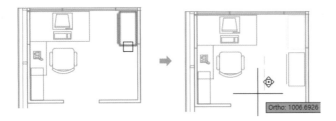

2. Dist(DI) 명령을 실행합니다. ❶지점과 ❷지점(중간점)을 클릭해 거리 값을 확인합니다.

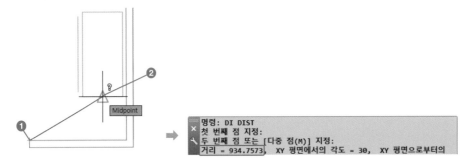

19 ① Q19.dwg 파일을 엽니다.

② 중심선 ❶을 축으로 사용해 왼쪽에 있는 사무실 칸막이 내 집기를 오른쪽 공간으로 대칭하여 새 사무실 공간을 만듭니다.

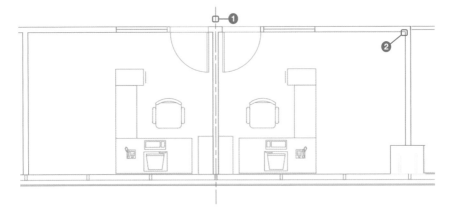

③ 오른쪽으로 이동한 새 의자의 블록 삽입점과 점 ❷ 사이의 거리는 얼마입니까?

	####.####

풀이

1. 대칭(MI) 명령을 실행해 왼쪽의 집기를 좌측으로 대칭 복사합니다.

2. Dist(DI) 명령을 실행합니다. 오른쪽에 있는 새 의자의 블록 삽입점을 클릭하기 위해 Shift 를 누른 상태로 마우스 오른쪽 버튼을 클릭해 목록에서 삽입점을 클릭합니다. 삽입점 ❶지점과 ❷지점을 클릭해 거리 값을 확인합니다.

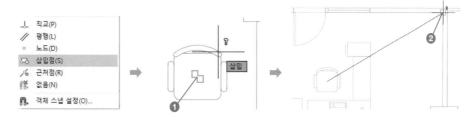

⑳ 페이지 설정 관리자 대화상자(설정 창)에서 플롯 영역을 선택할 때 사용자가 지정하는 부분을 인쇄하는 옵션은 무엇입니까?

A) 한계   B) 범위

C) 뷰   D) 화면표시

E) 배치   F) 윈도우

풀이

▲ 모형(Model) 공간   ▲ 배치(Layout) 공간

A) 한계 : Limits 설정 영역에 해당되는 부분을 출력합니다.

B) 범위 : 도면 중 객체를 포함하고 있는 현재 공간 부분을 출력합니다.

C) 뷰 : 이전에 VIEW 명령을 사용하여 저장된 뷰를 출력합니다.

D) 화면표시 : 배치의 현재 도면 공간 뷰 또는 선택된 [모형] 탭의 현재 뷰포트에 있는 뷰를 출력합니다.

E) 배치 : 배치의 0,0에서 계산된 원점을 사용하여 지정된 용지 크기의 인쇄 가능 영역 내에 모든 객체를 출력합니다.

정답   **19.** 3832.5696   **20.** F) 윈도우(Window)

21 복사 명령과 상대좌표를 사용하여 원 ❶을 복사해 원 ❷와 ❸을 추가하려면 명령행에 어떻게 입력해야 합니까?

복사할 때 원 ❶의 중심점이 복사의 기준점으로 선택되었습니다. (1눈금=1)

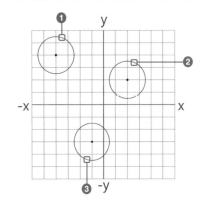

A) @-2,6 다음 -7,3
B) @6,-2 다음 3,-7
C) @2,2 다음 -1,-3
D) @8,2 다음 5,-3

풀이

상대좌표는 현재 기준점으로부터 x축과 y축의 거리 값을 입력합니다.

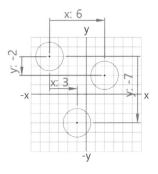

22 ① Q22.dwg 파일을 엽니다.

② Furniture 도면층에 있는 모든 객체를 선택합니다.

③ 총 몇 개의 객체가 선택되었습니까? _____ ##

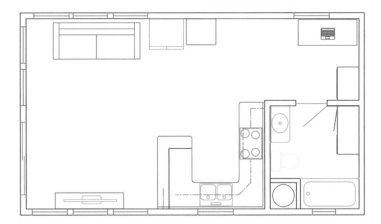

풀이

1. 도면층 관리자 Layer(LA)를 실행해 Furniture 도면층을 현재 도면층으로 변경하고 Furniture 도면층을 제외한 모든 도면층을 동결(freeze)시킵니다.

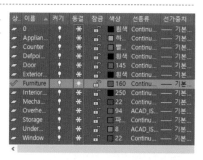

2. 작업 화면에서 Ctrl + 1 (P R 을 눌러 특성 창을 활성화합니다. Ctrl + A 를 눌러 모든 객체를 선택하고 특성 창 상단에서 선택된 객체 수를 확인합니다.

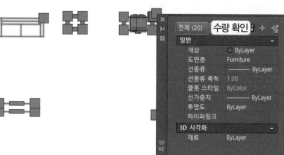

㉓ ① Q23.dwg 파일을 엽니다.

② 데스크 우측에 표시된 크기대로 소파와 테이블을 그립니다.

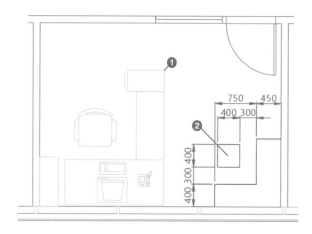

③ ❶지점에서부터 테이블을 중심점인 ❷지점(중심점)까지의 거리는 얼마입니까?

	#### . ##

1. 표시된 치수대로 간격띄우기(O)와 자르기(TR) 명령을 사용해 소파 및 테이블을 작성하고 테이블 중간에 사선을 그립니다.

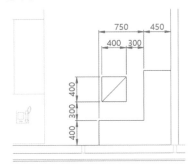

2. Dist(DI) 명령을 실행합니다. ❶지점과 ❷지점(중심점)을 클릭해 거리 값을 확인합니다.

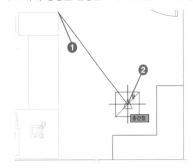

㉔ 모깎기(Fillet) 명령을 사용할 때 작업 결과를 결정하는 조건은 무엇입니까?

A) 사용자가 설정한 지름   B) 사용자가 설정한 길이

C) 사용자가 설정한 반지름   D) 사용자가 설정한 각도

모깎기 명령을 실행하면 깎아낼 모서리의 반지름을 설정합니다.

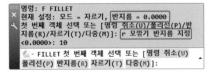

25 ① Q25.dwg 파일을 엽니다.

② Parts 블록의 Y축척 값을 1.7로 설정하여 삽입합니다.

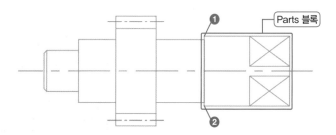

③ 끝점 ❶과 끝점 ❷ 사이의 거리는 얼마입니까?

| | ##.#

풀이

1. 삽입(I) 명령을 실행합니다.

2. 축척 설정 Y항목에 "1.7"을 입력하고 [확인] 버튼을 클릭합니다.

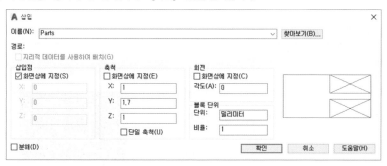

3. 도면 우측에 Parts 블록을 삽입하고 Dist(DI) 명령을 실행합니다. ❶지점과 ❷지점을 클릭해 거리 값을 확인합니다.

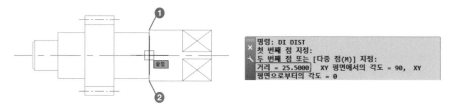

정답 ┃ **24.** C) 사용자가 설정한 반지름(R) **25.** 25.5

㉖ 삽입 대화상자에 표시된 번호와 기능이 서로 일치하도록 연결하시오.

① 이름(N) • • Ⓐ 삽입된 블록의 회전 각도를 지정한다.

② 찾아보기 • • Ⓑ 선택한 블록의 미리보기를 표시한다.

③ 삽입점 • • Ⓒ 도면에서 정의된 블록을 선택한다.

④ 축척 • • Ⓓ 도면 파일 선택 대화상자를 연다.

⑤ 회전 • • Ⓔ 블록의 삽입점을 지정한다.

⑥ 보기 영역 • • Ⓕ X, Y 및 Z축을 기준으로 블록의 축척 값을 지정한다.

> **풀이**

① 이름(N) : 도면에서 정의된 블록을 선택한다.
② 찾아보기(B) : 도면 파일 선택 대화상자를 연다.
③ 삽입점 : 블록의 삽입점을 지정한다.
④ 축척 : X, Y 및 Z축을 기준으로 블록의 축척 값을 지정한다.
⑤ 회전 : 삽입된 블록의 회전 각도를 지정한다.
⑥ 보기 영역 : 선택한 블록의 미리보기를 표시한다.

27 ① Q27.dwg 파일을 엽니다.

② 도면을 다음 이미지와 일치하도록 해당 2개의 도면층을 끕니다.

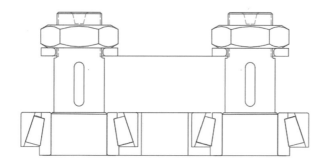

③ 꺼버린(Off) 2개의 도면층은 무엇입니까?

> **풀이**
>
> 1. 불러온 도면의 중심은 중심선(Centerline) 도면층으로 절단면은 해치(Hatch) 도면층으로 표시되어 있습니다.
> 2. Layer(LA) 도면층 관리자를 실행하거나 리본메뉴의 도면층 컨트롤 패널에서 Centerline과 Hatch 도면층의 전구를 클릭해 도면층을 끕니다.

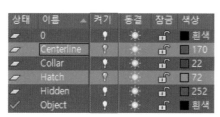

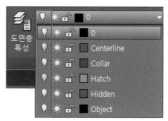

▲ 도면층 관리자   ▲ 도면층 컨트롤 패널

28 ① Q28.dwg 파일을 엽니다.

② B-Size Layout으로 공간을 전환하여 도면의 메모를 확인합니다.

③ 메모 끝에 이어서 다음 텍스트를 추가합니다.

추가메모 : VISUALLY INSPECT PART(A-201)

④ 메모를 표시하려면 텍스트 몇 행이 필요합니까?

1. 불러온 도면 [B-Size Layout] 탭을 클릭해 레이아웃 공간으로 전환합니다.

2. 우측 메모를 더블 클릭하고 메모 끝에 이어서 VISUALLY INSPECT PART(A-201)를 추가합니다.

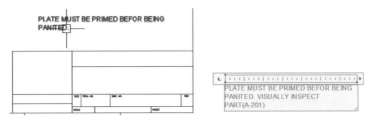

29 ① Q29.dwg 파일을 엽니다.

② 도면의 모서리를 자르기, 연장 명령을 사용해 다음과 같이 편집합니다.

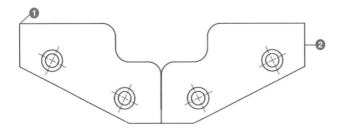

③ 끝점 ❶과 중간점 ❷ 사이의 거리는 얼마입니까?

###.####

풀이

1. 도면을 불러와 모깎기(F) 명령을 실행합니다. 자르기 모드는 자르기, 반지름은 0으로 설정하고 다중작업(M)을 적용합니다.

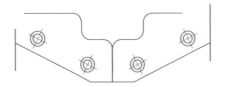

2. 도면의 각 모서리를 클릭해 다음과 같이 편집합니다.

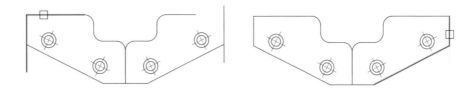

3. Dist(DI) 명령을 실행합니다. 끝점 ❶지점과 중간점 ❷지점을 클릭해 거리 값을 확인합니다.

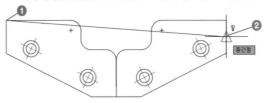

명령: di DIST
첫 번째 점 지정:
두 번째 점 또는 [다중 점(M)] 지정: <직교 끄기>
거리 = 435.1542   XY 평면에서의 각도 = 356, XY
평면으로부터의 각도 = 0

30 ① Q30.dwg 파일을 엽니다.

② 표시된 치수를 기반으로 폴리선 명령을 사용해 플레이트에 슬롯 ❶을 작성합니다.

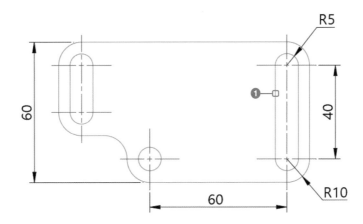

③ 작성한 새 슬롯의 둘레는 얼마입니까?

###.###

풀이

1. 처음부터 폴리선 그리기로 슬롯을 작성할 수 있지만 과정이 번거로우므로 원 그리기(C)와 선 그리기(L)를 사용해 슬롯을 작성한 후 폴리선으로 변경합니다.

2. 도면을 불러와 원 그리기(C) 명령을 실행합니다. 원의 중심점을 ❶지점과 ❷지점에 클릭해 반지름이 5인 원을 작성합니다.

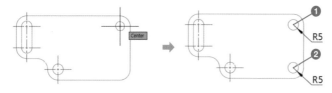

3. 선 그리기(L) 명령을 실행합니다. 원의 사분점을 클릭해 선을 그리고, 불필요한 부분은 자르기(TR)로 잘라냅니다.

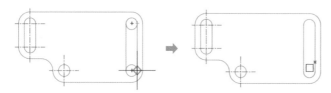

4. 결합(J) 명령을 실행해 슬롯이 모든 선을 선택하고 [Enter]를 누릅니다.

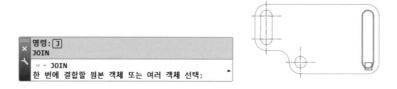

5. List(LI) 명령을 실행합니다. 조회할 슬롯을 클릭하고 [Enter]를 누릅니다. 조회 창에서 둘레 값을 [Ctrl]+[C]로 복사합니다. 소수점 세 자리까지만 표기해야하므로 "111.415"를 입력합니다.

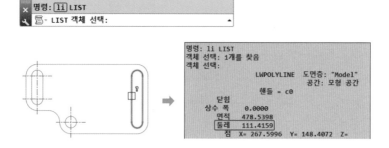

자격명	AutoCAD Certified User
시험시간	75분
문항	30문항(1000점 만점, 700점 이상 합격)

01 이 문제는 세 개의 항목에 각각 올바르게 선택해야 합니다. 모따기는 다음과 같은 동일 평면 상의 선 세그먼트 사이에 생성될 수 있습니다. 각 항목에 대한 물음에 답하시오. (예, 아니오 체크)

[동일 평면상의 선 세그먼트의 모따기]	[예]	[아니오]
• 선 세그먼트가 평행	○	○
• 선 세그먼트가 직교	○	○
• 열려있는 폴리선의 일부	○	○

02 도면 작성 중 일부 도면요소(주석, 객체 포함)를 나중에 사용할 수 있도록 도면에 저장하려면 어떤 명령을 사용해야 합니까?

A) 다시 그리기(Regen)
B) 블록(Block)
C) 창(Window)
D) 보기(Redraw)
E) 그룹(Group)

정답

01. [동일 평면상의 선 세그먼트의 모따기]

	[예]	[아니오]
• 선 세그먼트가 평행	○	●
• 선 세그먼트가 직교	●	○
• 열려있는 폴리선의 일부	●	○

02. B) 블록(Block)

03 페이지 설정 관리자에서 출력할 영역을 선택할 때 모든 객체를 출력하는 옵션은 무엇입니까?

A) 한계(Limits)

B) 범위(Extents)

C) 배치(Layout)

D) 윈도우(Window)

E) 화면표시(Display)

F) 뷰(View)

04 작성된 폴리선에 아치(호) 모양을 작성하려면 어떻게 해야 합니까?

A) 정점 그립을 클릭하고 스페이스 바를 누릅니다.

B) 중간 범위 그립을 클릭하고 스페이스 바를 누릅니다.

C) 중간 지점의 그립 위로 마우스를 이동합니다.

D) 정점 그립 위로 마우스를 이동합니다.

05 현재 선가중치 표시/숨기기가 끄기로 설정되어 있다. 특성 팔레트에서 선가중치를 수정했다면 수정된 가중치는 어디에서 볼 수 있습니까?

A) [모형] 탭

B) 배치1

C) 배치2

D) 인쇄 미리보기

06 다음 테이블과 의자를 45° 회전시키려고 합니다. 좌측 Step의 작업 단계를 우측의 Order 필드에 순서대로 나열합니다.

[Step]	[Order]
수정패널에서 회전을 선택합니다.	
회전 각도를 45°로 지정합니다.	
객체를 선택합니다.	
기준점을 지정합니다.	

07 선 그리기 명령과 상대 좌표를 사용하여 −2,−3을 입력해 선의 시작점은 **①**지점입니다. **②**와 **③**지점으로 이어지는 두 개의 선을 그리기 위해 무엇을 입력해야 합니까?

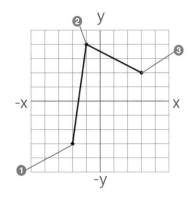

A) @1,7 다음 @4,−2

B) @7,1 다음 @−2,4

C) @3,2 다음 @−1,4

D) @−1,4 다음 @3,2

08 다음은 선 **①**의 중간점을 선 **②**의 중간점에 위치하도록 하는 방법을 나열한 것입니다. 객체 스냅이 모두 켜진 상태에서 적용되는 올바른 설명을 모두 선택하십시오. (1눈금=1)

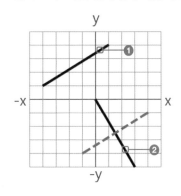

A) 선 **①**을 선택하기 전에 이동 사용

B) 선 **①**을 선택한 후 결합 사용

C) 선 **①**을 선택한 후 그립 사용

D) 선 **①**을 선택한 후 이동 사용

E) 선 **①**을 선택한 후 축척 사용

정답 | **03.** B) 범위(Extents) **04.** C) 중간 지점의 그립 위로 마우스를 이동합니다. **05.** D) 인쇄 미리보기

06. ❶ 수정패널에서 회전을 선택합니다. **07.** D) @−1,4 다음 @3,2 **08.** A), C), D)

❷ 객체를 선택합니다.

❸ 기준점을 지정합니다.

❹ 회전 각도를 45°로 지정합니다.

09 이 문제는 세 개의 활용법 항목에서 올바른 방법을 선택해야 합니다.

다음 중 원 **❶**의 중심점과 원 **❷**의 중심점 사이의 거리를 확인 할 수 있는 방법은 무엇입니까? 단, 객체 스냅은 켜져 있습니다. (1눈금=1)

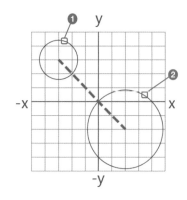

[활용 방법]	[예]	[아니오]
– 거리 명령 사용	○	○
– 정렬 치수작성	○	○
– 선형 치수작성	○	○

10 상대극좌표 @20〈35는 무엇을 의미합니까?

A) 이 점은 이전 지점으로부터 길이가 20이고 각도가 35도인 곳에 위치합니다.

B) 이 점은 이전 지점으로부터 길이가 35이고 각도가 20도인 곳에 위치합니다.

C) 이 점은 20,35에 위치합니다.

D) 이 점은 이전 지점으로부터 35,10에 위치합니다.

⑪ 왼쪽 객체 스냅의 아이콘과 오른쪽 객체 스냅의 항목이 일치되도록 연결하세요.

[객체 스냅 아이콘]

[객체 스냅 모드]

① ☐ •

② △ •

            • Ⓐ 접점

③ ◯ •

④ ⊠ •

            • Ⓑ 근처점

⑤ ◇ •

⑥ ✕ •

            • Ⓒ 직교

⑦ ▬ •

⑧ ⅃ •

            • Ⓓ 중간점

⑨ └ •

⑩ ⟐ •

            • Ⓔ 끝점

⑪ ⋈ •

⑫ ⊠ •

            • Ⓕ 중심

⑬ ⫽ •

정답

9. [동일 평면상의 선 세그먼트의 모따기]

	[예]	[아니오]
– 거리 명령 사용	●	○
– 정렬 치수작성	●	○
– 선형 치수작성	○	●

10. A)   **11.** ①-Ⓔ, ②-Ⓓ, ③-Ⓕ, ⑨-Ⓒ, ⑩-Ⓐ, ⑪-Ⓑ

⑫ ① 2-Q12.dwg 파일을 엽니다.

② 침실 가구의 세트를 완성하려면 나이트테이블을 원본 항목에서 아래로 2,000거리에 복사합니다.

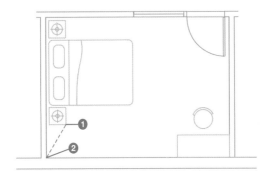

③ 점 ❶(끝점)에서부터 ❷(끝점) 사이의 거리는 얼마입니까?

###.##

＊ ###.## : 값은 버림하여 소수점 두 자리까지만 입력

⑬ ① 2-Q13.dwg 파일을 엽니다.

② 사무실에 Shelf 블록의 Y축척 값을 1.3으로 설정하여 삽입합니다.

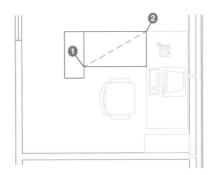

③ 점 ❶(끝점)에서부터 ❷(끝점) 사이의 거리는 얼마입니까?

####.##

⑭ ① 2-Q14.dwg 파일을 엽니다.

② 사무실에 테이블을 배치하려면 Table 블록의 중심을 표시된 치수에 위치하도록 그림과 같이 삽입합니다.

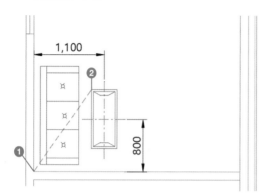

③ 점 ❶(끝점)에서부터 ❷(끝점) 사이의 거리는 얼마입니까?

####.##

* ####.## : 값은 버림하여 소수점 두 자리까지만 입력

⑮ ① 2-Q15.dwg 파일을 엽니다.

② 부품 외형선에서 간격을 띄워 표시된 크기대로 슬롯을 그립니다.

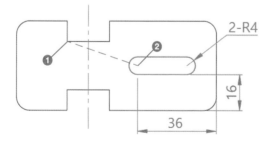

③ 점 ❶(끝점)에서부터 ❷(중심점) 사이의 거리는 얼마입니까?

##.##

정답 **12.** 896.57 **13.** 1364.67 **14.** 1543.11 **15.** 34.01

16 ① 2-Q16.dwg 파일을 엽니다.

② 도면을 다음 이미지와 일치하도록 변경하려면 어떤 도면층을 꺼야 합니까? (해당 도면층을 모두 씁니다.)

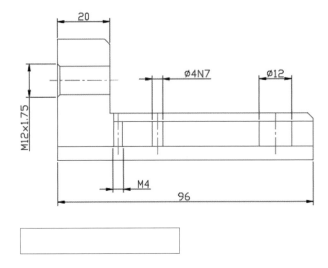

17 ① 2-Q17.dwg 파일을 엽니다.

② Dim-B 치수 스타일을 사용하여 표시된 부분과 같이 벽 안쪽 치수를 작성합니다.

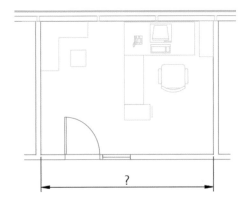

③ 치수의 값은 얼마입니까?

####.##

⑱ ① 2-Q18.dwg 파일을 엽니다.

② 주택 평면도의 거실, 주방의 바닥재 표현을 위해 축척이 15인 DOLMIT 패턴을 다음과 같이 추가합니다.

③ 생성한 해치 패턴의 면적은 얼마입니까?

	#####.##

⑲ ① 2-Q19.dwg 파일을 엽니다.

② 표시된 치수를 기반으로 폴리선 명령을 사용해 플레이트에 슬롯 ❶을 작성합니다.

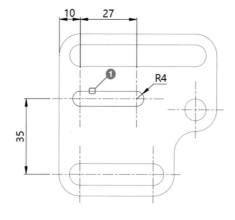

③ 작성한 새 슬롯의 둘레는 얼마입니까? | ##.## |

20 ① 2-Q20.dwg 파일을 엽니다.

② 작성된 도면 요소의 일부는 색상이 ByLayer로 설정되지 않았습니다.

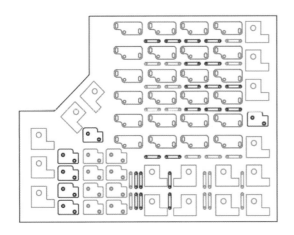

Parts-B 도면층에 있는 모든 객체를 선택합니다.

③ 총 몇 개의 부품(객체)이 선택되었습니까?

    ##

21 ① 2-Q21.dwg. 파일을 엽니다.

② A-Size Layout으로 공간을 전환하여 도면의 메모를 확인합니다.

③ 메모 끝에 이어서 다음 텍스트를 추가합니다.

추가메모 : TO COMPANY FOR REVIEW PRIOR TO COMMENCING WORK

④ 메모를 표시하려면 텍스트 몇 행이 필요합니까?

① 2–Q22.dwg. 파일을 엽니다.

② 우측 테이블의 중간을 기준으로 대칭을 이용하여 표시된 것처럼 2인용 소파를 추가합니다.

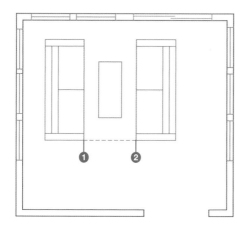

③ 점 ❶(끝점)에서부터 ❷(끝점) 사이의 거리는 얼마입니까?

	##.##

㉓ ① 2–Q23.dwg. 파일을 엽니다.

② 원형 탁자의 중심점을 기준으로 동일한 간격으로 의자 5개를 만듭니다.

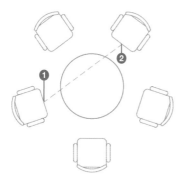

③ 의자의 중간점 ❶과 중간점 ❷ 사이의 거리는 얼마입니까?

	####.####

정답 **20.** 27   **21.** 4   **22.** 48.22   **23.** 1984.8368

24 ① 2-Q24.dwg.dwg 파일을 엽니다.

② 다음과 같이 편집 후 Dim-Std 치수 스타일을 사용하여 표시된 부분과 같이 벽 안쪽 치수를 작성합니다.

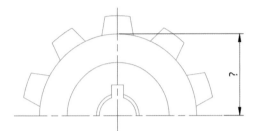

③ 치수의 값은 얼마입니까?

	###

25 ① 2-Q25.dwg. 파일을 엽니다.

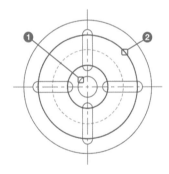

② 지시선으로 표시된 선분 ❶, ❷의 선 종류를 ByLayer로, 도면층은 A로 변경합니다.

③ 제시된 5개의 선종류 중 해당되는 것은 무엇입니까?

A) ————————————————————

B) – – – – – – – – – – – – – – – – – –

C) —— — — —— — — —— — —

D) ....

E) —— — – – —— — – – —— — – –

26 ① 표시된 치수를 기반으로 원에 접하는 정팔각형을 다음과 같이 작성합니다.

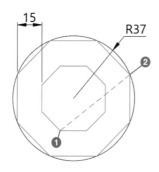

② 끝점 ❶과 끝점 ❷ 사이의 거리는 얼마입니까?

##.##

27 ① 2–Q27.dwg. 파일을 엽니다.

② 도면의 모서리를 자르기, 연장 명령을 사용해 다음과 같이 편집합니다.

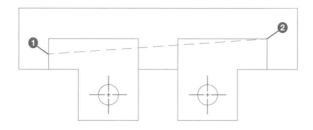

③ 중간점 ❶과 끝점 ❷ 사이의 거리는 얼마입니까?

##.####

28 ① 2-Q28.dwg. 파일을 엽니다.

② 공원의 기본 배치도에 작성된 보행경로는 ❶내부(빨간색) 및 ❷외부(초록색) 프로파일로 구성되었습니다.

③ 내부 프로파일 둘레의 길이는 얼마입니까?

#####.####

29 ① 2-Q29.dwg. 파일을 엽니다.

② 디자인 프로파일 ❶을 안쪽으로 6만큼 간격 띄우기를 합니다.

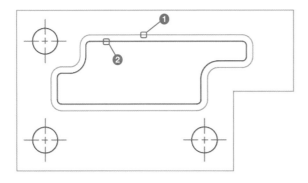

② 내부 프로파일 ❷의 면적은 얼마입니까?

####.##

30 ① 2-Q30.dwg. 파일을 엽니다.

② 중심선 ❶을 축으로 사용해 왼쪽에 있는 사무실 칸막이 내 집기를 오른쪽 공간으로 대칭하여 새 사무실 공간을 만듭니다.

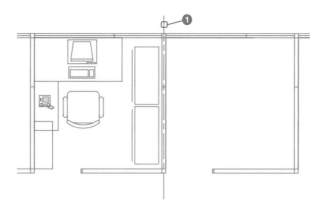

③ 좌측 컴퓨터 블록의 삽입점에서부터 우측 의자 블록의 삽입점까지 거리는 얼마입니까?

 ####.##

＊ ####.## : 값은 버림하여 소수점 두 자리까지만 입력

MEMO

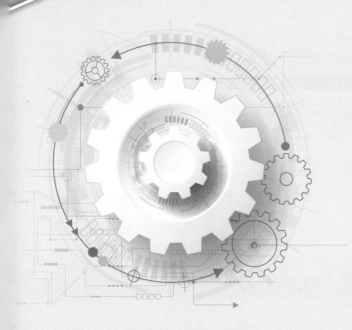

제1회 기출유형 모의고사

자격명	AutoCAD Certified User
시험시간	75분
문항	30문항(1000점 만점, 700점 이상 합격)

01 AutoCAD 환경에 표시된 번호와 각 요소를 설명하는 내용이 일치하도록 연결하시오.

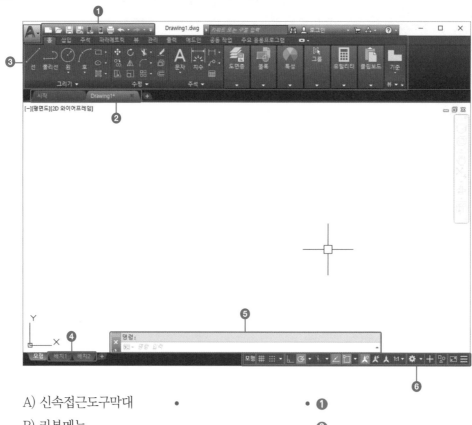

A) 신속접근도구막대 • • ❶

B) 리본메뉴 • • ❷

C) 명령행 • • ❸

D) 상태 막대(상태표시줄) • • ❹

E) [배치] 탭 • • ❺

F) [파일] 탭 • • ❻

⑫ AutoCAD에서 열기(Open)를 할 수 있는 파일 유형이 아닌 것은 무엇입니까?

A) dwg   B) dwt

C) dws   D) dxf

E) max

⑬ 선 ❶과 선 ❷를 작성할 때 사용되는 객체 스냅으로 올바른 것은 무엇입니까?

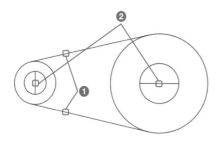

A) ❶ 접점, ❷ 사분점   B) ❶ 사분점, ❷ 접점

C) ❶ 근처점, ❷ 사분점   D) ❶ 접점, ❷ 근처점

E) ❶ 접점, ❷ 중심점

⑭ 작성된 도면을 편집하는 과정입니다. 가장 많은 객체를 선택할 수 있는 선택세트는 무엇입니까?

A)

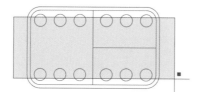

B)

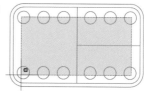

C)

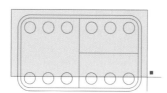

D)

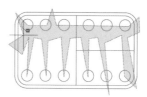

05 기둥 A를 복사(Copy) 명령을 사용해 다음과 같이 복사하려고 합니다. 선택세트 설정 후 기본점(기준점)이 되는 위치는 어디입니까? (단, 객체 스냅은 끝점을 사용)

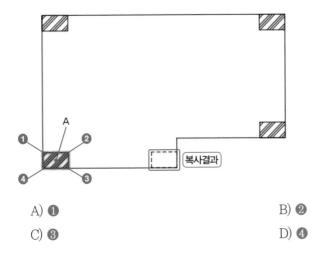

A) ❶

B) ❷

C) ❸

D) ❹

06 구성선(Xline) 명령을 사용해 표시된 선을 작성해야 합니다. 사용해야 할 옵션 항목과 각도로 올바른 것은 무엇입니까?

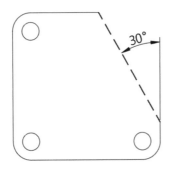

A) 각도, 30°

B) 각도, 120°

C) 각도, 150°

D) 수직, 30°

E) 수평, 120°

07 작성된 원의 그립(Grip)을 활용해 사용할 수 없는 기능은 무엇입니까?

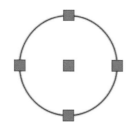

A) 원의 크기를 변경할 수 있다.

B) 원을 이동할 수 있다.

C) 원을 복사할 수 있다.

D) 원을 삭제할 수 있다.

E) 원을 배열할 수 있다.

08 다음 내용과 같은 기능을 수행하는 명령은 무엇입니까?

> 한 쌍, 두 쌍 또는 세 쌍의 근원점과 정의점을 지정하여 선택한 객체를 이동, 회전 또는 기울이거나 다른 객체의 점에 맞춰 가지런하게 할 수 있습니다.

A) 연장(Extend) 명령　　　　　B) 축척(Scale) 명령

C) 신축(Stretch) 명령　　　　　D) 회전(Rotate) 명령

E) 정렬(Align) 명령

09 ① 폴리선 명령을 사용해 다음 도형을 작성합니다.

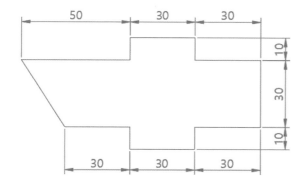

② 작성한 도형의 둘레는 얼마입니까?　　[　　　　　　　] ###.##

* ##.## : 값은 버림하여 소수점 두 자리까지만 입력

⑩ 현재 작성 중인 도면의 도면층(Layer)은 A도면층입니다. 화면에는 A도면층으로 작성된 도면 요소와 B도면층에서 작성된 도면 요소가 보입니다. A도면층으로 작성된 도면 요소를 화면에 보이지 않게 하려면 어떻게 해야 합니까?

A) A도면층을 동결시킨다.

B) A도면층을 끈다.

C) B도면층을 동결시킨다.

D) B도면층을 끈다.

E) A도면층은 동결시키고, B도면층은 끈다.

⑪ 표시된 선의 축척을 변경하려고 합니다. 올바른 방법은 무엇입니까?

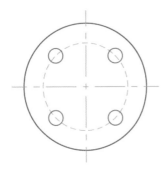

A) 선 축척(LTSCALE) 명령을 실행해 값을 조정한다.

B) 특성에서 현재 도면층의 선 종류 축척 값을 조정한다.

C) 리본메뉴의 특성 패널에서 선 종류를 조정한다.

D) 선 종류 관리자를 실행해 현재 객체 축척 값을 조정한다.

⑫ 상태 막대의 설정 상태를 제어하는 단축키의 연결이 잘못된 것은 무엇입니까?

A) 그리드 모드 – ❶	B) 직교 모드 – ❸
C) 객체 스냅 – ❺	D) 극좌표 추적 – ❹
E) 스냅 모드 – ❷	

⓭ 선 그리기(Line) 명령을 사용해 ❶지점을 시작점으로 하여 ❷지점을 끝점으로 선을 그릴 때 좌표값으로 올바른 것은 무엇입니까?

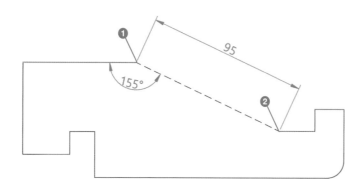

A) 95〈-155

B) @95〈155

C) @95〈25

D) @95〈-25

⓮ ① 표시된 치수를 기반으로 원에 접하는 정팔각형 ❶과 ❷를 다음과 같이 작성합니다.

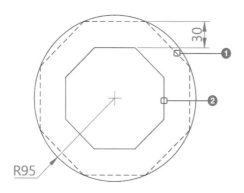

② 정팔각형 ❷의 면적은 얼마입니까?

#####.##

＊ #####.## : 값은 버림하여 소수점 두 자리까지만 입력

⑮ ① A15.dwg 파일을 엽니다.

② 표시된 치수를 기준으로 의자를 복사해 그림과 같이 완성합니다.

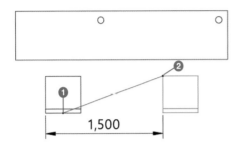

③ 점 **❶**(중간점)과 점**❷**(끝점) 사이의 거리는 얼마입니까?

####.####

⑯ ① A16.dwg 파일을 엽니다.

② 표시된 치수를 기준으로 점자블록을 작성합니다.

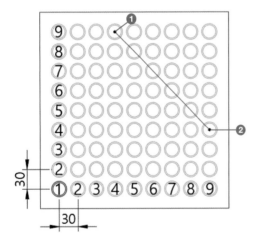

③ 점자**❶** 중심점에서 점자**❷** 중심점 사이의 거리는 얼마입니까?

###.##

⑰ ① A17.dwg 파일을 엽니다.

② 치수 스타일을 Dim–A로 변경한 후 표시된 치수를 작성합니다.

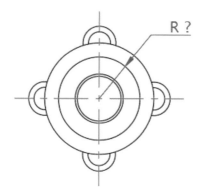

③ 치수의 값은 얼마입니까?

###.##

⑱ ① A18.dwg 파일을 엽니다. A, B 영역의 외곽선은 폴리선으로 작성되었습니다.

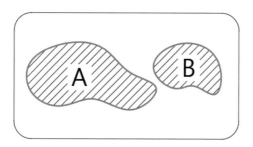

② A와 B영역에 페인트를 칠해야 합니다. 칠해야 하는 면적은 얼마입니까?

####.####

⑲ ① A19.dwg 파일을 엽니다. 창문 틀의 외형선 **❶**을 바깥쪽으로 30만큼 간격 띄우기를 합니다.

② 창틀 **❷**의 둘레는 얼마입니까?

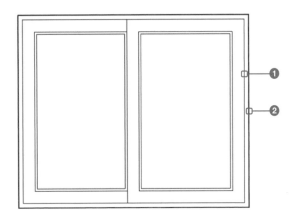

⑳ ① A20.dwg 파일을 엽니다.

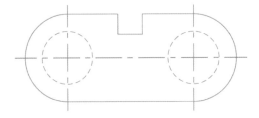

② C도면층의 끄기/켜기를 설정하여 모든 도면 요소가 나타나게 합니다.

③ C도면층에서 작성된 원의 색상과 선의 종류는 무엇입니까?

A) 파란색−파선
B) 파란색−이점쇄선
C) 파란색−실선
D) 하늘색−이점쇄선
E) 하늘색−실선

㉑ ① A21.dwg 파일을 엽니다.

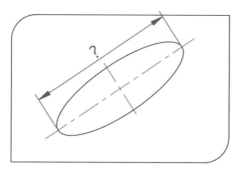

② 작성된 치수 스타일 중 Dim21 치수 스타일을 사용해 치수를 작성합니다.

③ 작성된 치수의 값은 얼마입니까?

 ###

㉒ ① A22.dwg 파일을 엽니다.

② Room-1 바닥에 타일을 표현하기 위해 해치의 패턴을 사용자 정의로 하여 가로900, 세로 900으로 패턴을 작성합니다. 단, 패턴의 원점은 ❶지점으로 합니다.

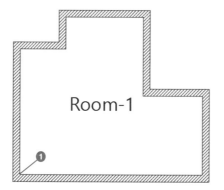

③ 타일은 몇 장이 필요합니까?

㉓ ① A23.dwg 파일을 엽니다.

② 문을 배치하려면 Door-A 블록의 끝을 벽 끝에 오도록 삽입합니다.

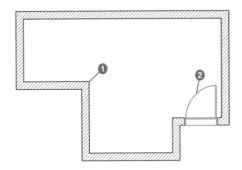

③ 점 ❶(끝점)과 ❷(중간점) 사이의 거리는 얼마입니까?

####.##

㉔ ① A24.dwg 파일을 엽니다.

② 사무실의 컴퓨터를 표시된 치수로 복사합니다.

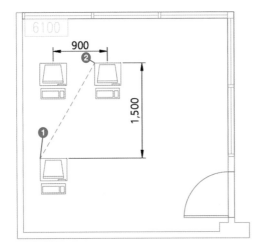

③ 점 ❶과 ❷ 사이의 거리는 얼마입니까?

####.##

25 ① A25.dwg 파일을 엽니다.

② 문을 대칭으로 복사해 문 ❶을 배치합니다.

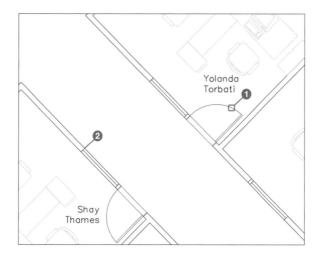

③ 오른쪽으로 복사한 문의 블록 삽입점과 점 ❷ 사이의 거리는 얼마입니까?

	####.###

26 ① A26.dwg 파일을 엽니다.

② CHAIRS 도면층에 있는 모든 객체를 선택합니다.

③ 총 몇 개의 객체가 선택되었습니까? | | ##

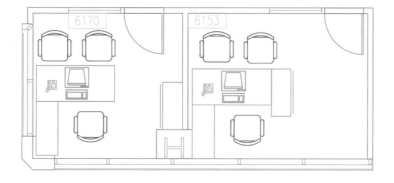

27 ① A27.dwg 파일을 엽니다.

② 표시된 크기대로 키 홈을 그립니다.

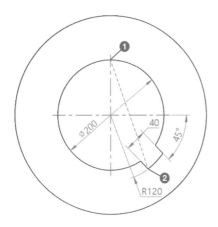

③ 점 ❶에서부터 ❷지점(끝점)까지의 거리는 얼마입니까?

###.##

28 ① A28.dwg 파일을 엽니다.

② Parts-A 블록의 축척 값을 1.2로 설정하여 삽입합니다.

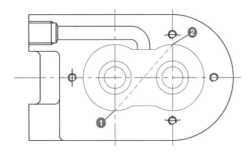

③ 사분점 ❶과 사분점 ❷ 사이의 거리는 얼마입니까?

##.##

29 ① A29.dwg 파일을 엽니다.

② 도면의 모서리를 자르기, 연장 명령을 사용해 다음과 같이 편집합니다.

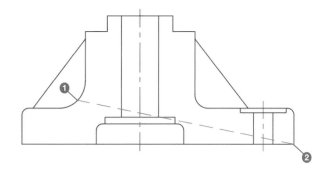

③ 중간점 ❶과 끝점 ❷사이의 거리는 얼마입니까?

###.####

30 ① A30.dwg 파일을 엽니다.

② 표시된 치수를 기반으로 새로운 플레이트에 슬롯 ❶을 작성합니다.

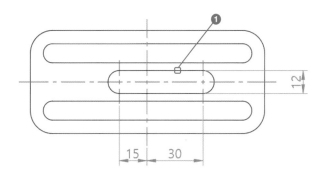

③ 작성한 새 슬롯의 둘레는 얼마입니까?

###.####

기출유형 모의고사

자격명	AutoCAD Certified User
시험시간	75분
문항	30문항(1000점 만점, 700점 이상 합격)

01 원을 선택하면 5개의 그립(Grip)이 표시됩니다. 그립(Grip)을 클릭해 바로 이동할 수 있는 그립(Grip)은 무엇입니까?

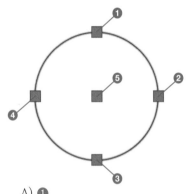

A) ❶   B) ❷

C) ❸   D) ❹

E) ❺

02 ① 표시된 치수를 기반으로 원에 접하는 정7각형을 다음과 같이 작성합니다.

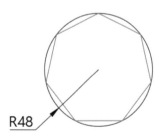

R48

② 정칠각형의 면적은 얼마입니까?   [   ]   ####.##

03 작성된 개체를 좌우 또는 상하로 반대가 되도록 이동이나 복사할 수 있는 수정 명령은 무엇입니까?

A) 연장(Extend) 명령

B) 축척(Scale) 명령

C) 신축(Stretch) 명령

D) 대칭(Mirror) 명령

E) 정렬(Align) 명령

04 ① B04.dwg 파일을 엽니다.

② 의자의 삽입점을 기준으로 −15° 회전시킵니다.

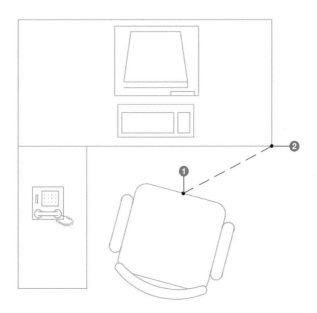

③ 점 ❶(중간점)과 ❷(끝점) 사이의 거리는 얼마입니까?

 ###.####

05 선 그리기 명령을 사용해 표시된 위치 ❶을 시작점으로 하여 선을 그리고자 한다. 이때 시작점의 위치를 지정할 수 없는 객체 스냅은 무엇입니까?

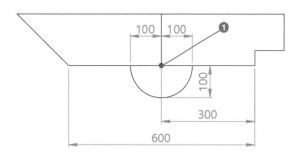

A) 끝점(Endpoint)　　　　　　　　　B) 중간점(Midpoint)

C) 접점(Tangent)　　　　　　　　　　D) 중심(Center)

E) 교차점(Intersection)

06 ① B06.dwg 파일을 엽니다.

② 창문을 표시된 치수로 동일한 간격으로 배치합니다.

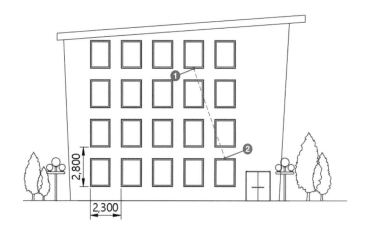

③ 배열된 창문의 중간점 ❶과 중간점 ❷ 사이의 거리는 얼마입니까?

	####.##

07 현재 도면에 작성된 문자는 T1 스타일에서 작성되었다. 문자 스타일 설정에서 T1 스타일의 글꼴을 변경하면 이미 작성된 문자는 어떻게 됩니까?

A) 현재 도면층에 있는 문자의 글꼴만 변경됩니다.

B) T1 스타일로 작성된 모든 문자의 글꼴이 변경됩니다.

C) 앞으로 작성되는 문자만 글꼴이 변경됩니다.

D) T1 스타일의 설정이 변경되었으므로 작성된 문자는 모두 삭제됩니다.

08 ① B09.dwg 파일을 엽니다.

② Dim-A 치수 스타일을 사용하여 표시된 부분과 같이 벽 안쪽 치수를 작성합니다.

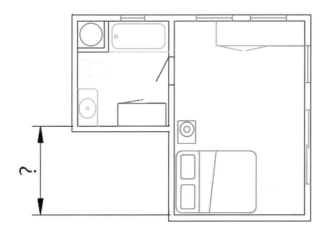

③ 치수의 값은 얼마입니까?

 ####

09 ① B09.dwg 파일을 엽니다.

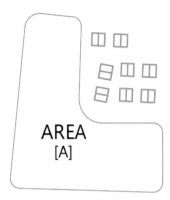

② A지역에 외곽선을 따라 펜스를 쳐야 합니다.

③ 펜스의 총 길이는 얼마입니까?

###.####

10 선 그리기 명령으로 좌표를 입력해 ❶지점에서 선 ❷를 작성해야 합니다. 올바른 좌표 값은 무엇입니까?

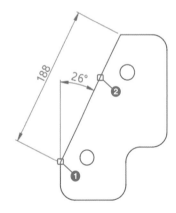

A) @188,26   B) @188〈26

C) @26〈188   D) @188〈64

E) @64〈188

⑪ ① B11.dwg 파일을 엽니다. 디자인 프로파일 ❶을 바깥쪽으로 4만큼 간격 띄우기를 합니다.

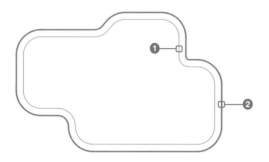

② 복사된 외부 프로파일 ❷의 면적은 얼마입니까?

| |

####.####

⑫ 다음 보기는 원 ❶이 원 ❷와 중심이 같은 동심을 이루도록 복사하는 방법을 나열한 것입니다. 객체 스냅의 모든 항목이 켜진 상태에서 해당되는 항목을 모두 선택하십시오. (1눈금=1)

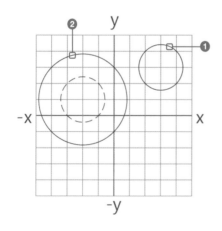

A) 원 ❶을 선택한 후 축척을 사용

B) 원 ❶을 선택한 후 그립을 사용

C) 원 ❶을 선택한 후 결합을 사용

D) 원 ❶을 선택하기 전에 복사를 사용

E) 원 ❶을 선택한 후 복사를 사용

정답 **09.** 202.6495   **10.** D)   **11.** 7280.0024   **12.** D), E)

⑬ 다음 보기는 원 ❶의 정확한 지름을 확인할 수 있는 방법을 나열한 것입니다. 객체 스냅의 모든 항목이 켜진 상태에서 해당되는 항목을 모두 선택하십시오.

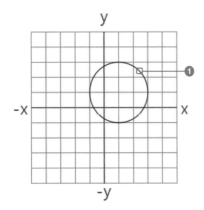

A) 거리 명령(Dist) 사용
B) 조회 명령(List) 사용
C) 지름치수 작성
D) 정렬치수 작성
D) 호 길이치수 작성

⑭ ① B14.dwg 파일을 엽니다.

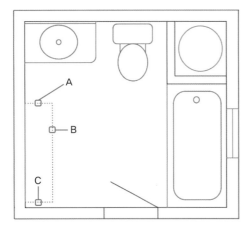

② 지시선으로 표시된 선분 A, B, C의 선 종류를 ByLayer로, 도면층은 shelf로 변경합니다.

③ 제시된 5개의 선 유형(색상, 종류) 중 해당되는 것은 무엇입니까?

❶ ----------------------------
❷ ---- - - --- - - ---- -
❸ ----------------------------
❹ --- - - --- - - ---
❺ ....

⑮ ① B15.dwg 파일을 엽니다.

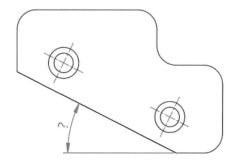

② 작성된 치수 스타일 중 Dim2 치수 스타일을 사용해 표시된 치수를 작성합니다.

③ 작성된 치수의 값은 얼마입니까?

##.##

⑯ ① B16.dwg 파일을 엽니다.

② 부품의 절단면 표현을 위해 축척이 1인 ANSI31 패턴을 다음과 같이 추가합니다.

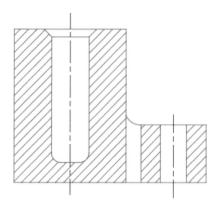

③ 패턴의 총 면적은 얼마입니까?

####.####

⑰ ① B17.dwg 파일을 엽니다.

② 도면 안쪽 중앙에 부품을 배치하려면 P4 블록의 중심을 도면 중심에 오도록 삽입합니다.

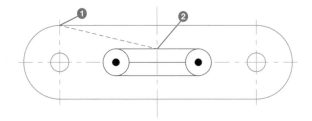

③ 점 ❶ 사분점과 ❷ 중간점 사이의 거리는 얼마입니까?

	##.####

⑱ ① B18.dwg 파일을 엽니다.

② 사무실 컴퓨터 하나를 표시된 위치에 복사합니다.

③ 점 ❶과 ❷ 사이의 거리는 얼마입니까?

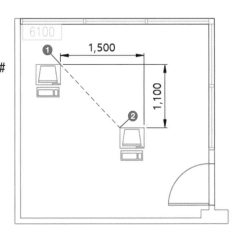

	####.####

⑲ 페이지 설정 관리자 대화상자(설정 창)에서 플롯 영역을 선택할 때 지정된 용지 영역을 그대로 인쇄하는 옵션은 무엇입니까?

A) 한계   B) 범위

C) 뷰   D) 화면표시

E) 배치   F) 윈도우

20 ① B19.dwg 파일을 엽니다.

② 원의 사분점을 축으로 사용해 오른쪽 날개를 대칭하여 도면과 같이 작성합니다.

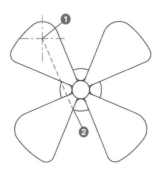

③ 점 ❶ 중심과 ❷ 끝점 사이의 거리는 얼마입니까?

###.####

21 복사 명령과 상대좌표를 사용하여 사각형 ❶을 복사해 사각형 ❷와 ❸을 추가하려면 명령행에 어떻게 입력해야 합니까?

복사할 때 사각형 ❶의 중심점이 복사의 기준점으로 선택되었습니다. (1눈금=1)

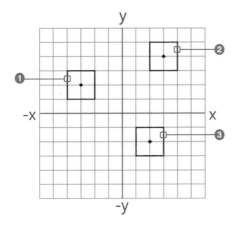

A) @6,2 다음 −5,−4   B) @6,2 다음 −5,4

C) @6,2 다음 5,−4   D) @−6,2 다음 5,−4

정답   **17.** 40.1624   **18.** 1531.6321   **19.** E)   **20.** 138.9463   **21.** C)

㉒ ① B22.dwg 파일을 엽니다.

② Wal 도면층에 있는 모든 객체를 선택합니다.

③ 총 몇 개의 객체가 선택되었습니까?

㉓ ① B23.dwg 파일을 엽니다.

② 데스크 우측에 표시된 크기대로 소파와 테이블을 그립니다.

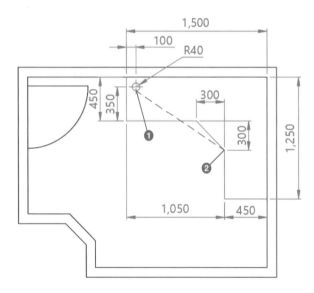

③ 원의 사분점 ❶과 끝점 ❷ 사이의 거리는 얼마입니까?

####.####

24 모따기(Chamfer)명령을 사용할 때 작업결과를 결정하는 조건은 무엇입니까?

    A) 사용자가 설정한 지름   B) 사용자가 설정한 거리
    C) 사용자가 설정한 반지름   D) 사용자가 설정한 각도

25 ① B25.dwg 파일을 엽니다.

    ② Parts-A 블록의 X축척 값을 1.3으로 설정하여 삽입합니다.

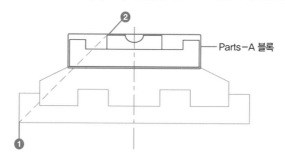

    ③ 끝점 ❶과 끝점 ❷ 사이의 거리는 얼마입니까?   ##.####

26 도면층 컨트롤 패널에 표시된 기호와 기능이 서로 일치하도록 연결하시오.

    A) 켜기/끄기   •   • ①
    B) 동결/동결해제   •   • ②
    C) 잠금/잠금해제   •   • ③
    D) 색상   •   • ④
    E) 도면층 특성 관리자 열기 •   • ⑤

정답   **22.** 265   **23.** 1128.9818   **24.** B)   **25.** 96.2070   **26.** A-④, B-③, C-②, D-①, E-⑤

27 ① B27.dwg 파일을 엽니다.

② 도면을 다음 이미지와 일치하도록 해당 2개의 도면층을 끕니다.

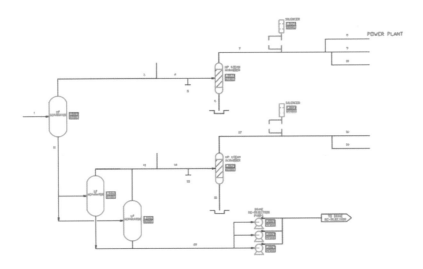

③ 꺼버린(Off) 2개의 도면층 이름은 무엇입니까?

28 배치공간(Layout)에 대한 내용으로 잘못된 것은 무엇입니까?

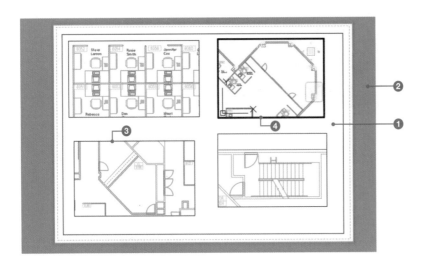

A) ❶ – 지정된 출력 용지   B) ❷ – 용지 배경

C) ❸ – 뷰포트   D) ❹ – 인쇄 영역

29 ① B29.dwg 파일을 엽니다.

② 도면의 모서리를 자르기, 연장, 원 그리기 명령을 사용해 다음과 같이 편집합니다.

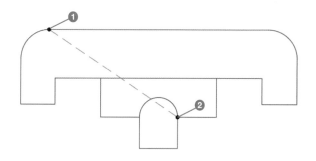

③ 끝점 ❶과 끝점 ❷ 사이의 거리는 얼마입니까?

	##.####

30 ① B30.dwg 파일을 엽니다.

② 표시된 치수를 기반으로 폴리선 명령을 사용해 플레이트에 슬롯 ❶을 작성합니다.

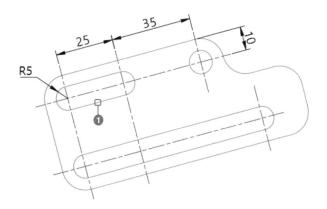

③ 작성한 새 슬롯의 둘레는 얼마입니까?

	##.####

정답   **27.** boundry, inst   **29** D)   **29.** 43.5632   **30.** 81.4159

ACU
AutoCAD

2019. 9. 5. 초 판 1쇄 인쇄
2019. 9. 16. 초 판 1쇄 발행

지은이 | 황두환
펴낸이 | 이종춘
펴낸곳 | BM (주)도서출판 성안당

주소 | 04032 서울시 마포구 양화로 127 첨단빌딩 3층(출판기획 R&D 센터)
     | 10881 경기도 파주시 문발로 112 출판문화정보산업단지(제작 및 물류)
전화 | 02) 3142-0036
     | 031) 950-6300
팩스 | 031) 955-0510
등록 | 1973. 2. 1. 제406-2005-000046호
출판사 홈페이지 | www.cyber.co.kr
도서 내용문의 | hdh1470@naver.com
ISBN | 978-89-315-5558-5 (13000)
정가 | 25,000원

이 책을 만든 사람들
책임 | 최옥현
진행 | 최창동
표지 디자인 | 박현정
본문 디자인 | 인투
홍보 | 김계향
국제부 | 이선민, 조혜란, 김혜숙
마케팅 | 구본철, 차정욱, 나진호, 이동후, 강호묵
제작 | 김유석